ネイティブが使う 1秒英会話 『音読篇』

Michihiro Matsumoto
松本道弘

たちばな出版

# プロローグ

　お気づきのことと思うが、本書の狙いは、一言でいえば、耳から口ということになる。まず耳（聴き取り）ありきで、そのまま口（発音）につなげること、from input to output ということになるが、世阿弥が『風姿花伝』で述べた物真似の実践ということになる。英会話は、科学（science）ではなく芸事（art）である、という私の英語哲学に基づくものである。しかし、言うは易し、行うは難しだ。

　だから、そのプロセスを3段階（守・破・離）に分けてみた。そのメソッドは、「芸」の分野に入るが、ホップ、ステップ、ジャンプとか欧米人好みの、ready（構え）、aim（狙え）、fire（射て）の3段階に仕分けしてみれば、日本人にとってもより visual（視覚的）になると思ったからだ。

　前著『松本道弘のサムライ英語学習法』の続編とすれば、構えて、狙って、射つという流れがより自然（logical）となると考え、芸の「3」の流れと融合させてみた。

　これまでの「ひと息英語」シリーズとは、基本的に変わらないが、次の3点でかなり進化させた本だといえよう。

1. 頻度数を星数で表示した。
   　　★★★ しょっちゅう耳にする
   　　★★ よく耳にする〈一本の映画に一度ぐらい〉
   　　★ ひんぱんではないが、"斬れる"有段者向きの英語
   　頻度を無視した英語は勧められないので、ここ数年で観た英語の映画（多分1,000本以上）から、メモしたものを頼りに、自信をもって書き上げた。
   （例：★★★ How did it go?　ハウデゴウ　あの話はどうなったの。）

2. カタカナ＆ひらがな発音発声記号を用いた。
   　これは英語が聴き取れず苦労した高校時代に開発したもの。当時は発音記号だけであったが、強弱のアクセントを加えた発声面にも配慮し、大幅な改善を試みたものである。
   （例：Everyone tolerates you. 君は一目置かれている）
   　　エヴェリワン(ヌ)　**タ**ラれイチュー
   （カタカナとひらがなの違いは、P10 に）

3. 引用文は応用が可能なものに絞った。
   　情報に裏打ちされない英語は、ひ弱で、応用に向かない。応用までの道は近いようで遠い。だから「型」(the "Kata")から入るのだ。欧米人なら、このカタを the box（固定した思考パターン）とイメージするだろう。

「守」(Ready) ── Inside the box

まず、英語の基本のリスニングにのめり込む（lose yourself）ことだ。疑問をはさまず──素直に──集中して耳からインプットしたものを口でアウトプットすることだ。

英語は音声から学ぶことだ。私が最も苦労したから、最初のうちは、何度も自作のカタカナ英語を音読した。

発音のみならず、発声にも気を配った。「守」は黙ってインプットする段階だから、読者も何度も何度も音読して頂きたい。Trust me!　感情なくフラットな英語を音読しても、実践に役立たないことが多い。

「破」(Aim) ── Against the box

「型」(the "Kata") に入ると、次は型に対し、疑問 (doubt) が出てくる。これが、Against the box だ。

「信じて」が Believe me. と Trust me. では同じかどうか。この区別は頻度が物を言う。感情の起伏が英語の強弱のアクセントに表れることが分かり、SHE is pretty. She IS pretty. She is PRETTY. の違いは、感情を込めて発声（発音よりも）しなければならないと考え始める。

Doubt の D 語は、debate や dialogue（対話）を含むので対立や思考が入ってくる。Very funny. が「大変面白い」ではなくて、「寒う──（全然おもしろくない）」と反対の意味

で使われることもある。イエスかノウかの狙い（aim）より、英語を聴き分けるべきだ。それが「破」。ここを通過しなければ、「離」へ進めない。見出し英語は、かなり大雑把に分けた感はぬぐえないが、読者におかれては、例文が何であれ、この意識の流れに留意して、音読に挑んで欲しい。

「離」（Fire）── Outside the box

　射て！（Fire!）の合図で弓や弾丸は手元から離れる（let go）。自己責任（You're on your own.）で自分の思考で発声してみることだ。発音より、発声に気をつけよう。

　Come on. の発声の仕方もいろいろあるので、状況を想定して工夫してみることだ。

　カムオンでは「告白しろ」程度だか、**カム アーンヌ**となれば、「冗談はやめてくれ」「いいかげんにしろ」となり、Give me a break. に近づく。

　2010年10月25日号の『TIME』の読者欄（Inbox）に come on がこんな風に使われていた。

The artful photo of the beautiful pregnant woman would be appropriate in another setting but on the cover of TIME? Come on.

　うーんと唸った。この Come on. は、Please（やめてくれ）に代えてもよい（本文で解説）。

　妊娠中の美人の芸術的な写真は、もっと他に使う場所もあ

るというのに、よりによってカバーに使うとは、冗談だろう。

お固いはずの『TIME』。日本人が敬遠する『TIME』。しかし、こんな口語体の英語が踊っているのだ。「離」を意識した、読者は、英文日記にこんな耳に快く響く、英語を書き止めてみたらいかがだろうか。Because you're on your own.

跳び込む前にもう一言

この「離」の段階が最終ゴールなので、もう少し詳しく述べる。英語の学習は、単語から始まる。英文法——そして統語論（syntax）。ここから意味論（semantics）に進む。言葉のシンボルや裏の（本当の）意味が気になる。英会話がdebateやdiscussionの領域に入る。

このsemanticsが理解できなければ、通訳できない。特に、同時通訳となると、英語のシンボルからイメージングにまで及ぶので、やはり、音感学習に戻る。

「離」に達した人は、このsemanticsを応用する段階にまで来ているのだから、交渉（negotiation）のときにも応用できるはずだ。交渉はwarで、ディベート（究論）は、battle（局地戦）である。ディベートでシミュレーションをしないと、negotiationはできない。

日本人の外交下手は、世界的に知られている。日本人がよく口にする平和のための「話し合い」とは、おしゃべり（chatting）の段階だが、英訳すればnegotiated peaceになる。

交渉の場で、意見が衝突することは避けられない。交渉という戦場では、logicだけでは勝てない。論「理」に「情」を加えた「情理」が不可欠（critical）だ。尖閣諸島での日中対決でも証明ずみだ。

　flatな英語では、勝てない。英語を学ぶ人の情感（emotion）と覚悟が問われる。

　I'm embarrassed to be Japanese.（日本人ですみません）と小声で発声している間は、いくら発音がよくても説得力はなくなる。発音がネイティブに近ければ近いほど、トラブルが生じる。

　I'm proud to be Japanese.（日本人に生まれてよかった）といってみよう。

　まだ声が小さい。
　I AM PROUD TO BE JAPANESE.

　ようし、このフレーズを5回音読し、本書を数回読み直し、少しでも自信がついたら、菱研TIME大学への受講またはNONES CHANNEL「『TIME』を読む」の聴講を勧めたい。

　いずれ、眼（TIME）から学ぶ、話す英語、書く英語を執筆してみたいと思っている。その前に、本書で基本をおさえてみよう。赤ん坊のような気持ちになって、私と一緒に飛び込もう。Lose yourself!

目 次
Contents

- ●**プロローグ** ……3

- ●**本書の利用法** ……10

- ●**第1章 「守」の巻**
  構えよ　Ready! —— Inside the box —— ……11

- ●**第2章 「破」の巻**
  狙え　Aim! —— Against the box —— ……108

- ●**第3章 「離」の巻**
  射_うて　Fire! —— Outside the box —— ……196

- ●**エピローグ** ……237

- ●**CD会話文** ……242

本書の利用法

　洋画などでよく耳にする英語表現を、その頻出度に応じて、三段階の★印で表記しました。★印が多いものほど、よく使われています。

　英語表現の下に、松本式のカタカナと、ひらがなによる発音記号が表記されています。例えばｒとｌ、そしてｓとthを区別するために、ｒは「ら」「り」「る」「れ」「ろ」、ｌは「ラ」「リ」「ル」「レ」「ロ」、ｓは「サ」「ス」「セ」「ソ」、thは「さ」「し」「す」「せ」「ざ」「じ」「ず」「ぜ」としております。

　ひと息で言える表現を集めておりますので、繰り返し音読して、自然と口から言えるようになるまで、繰り返してみましょう。

　各項目の解説では、日常生活や映画などで、その表現がどのように使われているか、また関連させて覚えておくべき表現などについて、詳しく解説しております。そちらもあわせてお読みください。

　英語の見出し語を隠し、日本語の見出しだけを見てパッと言えるようになるまで、しっかり覚えましょう。何回も読み返し、発声してください。1秒以内で言えるかどうか、ストップ・ウォッチで計ってみるのもいいでしょう。

第1章 「守」の巻
構えよ Ready!
—— Inside the box ——

1 ★★★
I'm done with you.

アイム　ダン　ウイすユウ

（あなたとは）絶交よ。

done は finished の口語体。I'm done.「終わった」
It's a done deal.「もう終わった話だから」（あとでつべこべ言わないこと）
What's done is done. は「あとの祭り」の意。
「これでお別れ」は、This is it.
It's time to say good-bye.（お別れの時だ）
「もう、そろそろ」なら、It's about time.
It's time. だけでも通じる。
done with 〜は決まり文句だが、with を省くときもある。「もう話はそれだけだ」という場合は、
I'm done talking with you. のように with を省くときがある。

2 ★★★ Freeze!!
フォリーザ

（そこを）動くな。

　日本人の耳には、p と f が同じように聴こえる。同じ破裂音だから、please との区別がつかない。

　「動くと撃つぞ」という意味が、Please. と同じような感覚でとらえられると惨事が起こる。いや、すでに起こった。

　ハロウィーンのとき、日本の高校生を射殺したアメリカ人は、「ぼくは動くと撃つぞ」といったんだ、と自己弁護した。

　Stop it. といえば通じたかもしれないが、Freeze! が「動けば殺すぞ」という意味があることなど、日本ではだれも教えない。

　音声教育を徹底的にやらねば、亡くなった高校生の遺族は浮かばれない。

　1秒英語以前の問題だ。日本人が使うストップモーション（これは和製英語）にも Freeze! が使われる。

　「その場面をストップせよ」という場合、Freeze it.〈フリーゼッ(ト)〉だ。

　どうしても発音できない人は、
Stay where you are.（その場にいろ）
「邪魔だ、そこをどけ」は、Stay back.
　これなら、日本人向けのカタカナ英語で間に合う。
　下唇を噛んで r の発音ができれば Freeze!

③ ★★★
One at a time.
うワンネラ　タイマ

同時にしゃべるな。

「ひとりずつ喋ってください」「注文はひとりずつ」「同時に二つの質問をしないで下さい」、こんな場合でもすべて、

One at a time.

私の商社時代は、同時に三つぐらいの仕事をこなせる上司がいた。ペンを走らせ仕事をしながら、誰かと長電話をしている。その男のデスクへだれかが顔を出す。「どや忙しいか」と。見上げた男、受話器を耳に肩で支えながら、「ヒマや」と答える、この余裕。

上京し、米国大使館に入った。ふらっと西山千先生のデスクへお邪魔したことがある。そのとき叱られた。「今、ボクは仕事をしているでしょう。見てわからないんですか」と。ここは治外法権下にある米国大使館。甘いとこやおまへん。

私は昔から、ながら族だ。"**I'm a multi-tasker.**"

今も、この原稿を書きながら生の英語の放送をバックグラウンドにして聴いている。教材英語は耳にしない。リズムが乱れるからだ。**natural speed English** は、何度聴いても疲れない。

いくら、本を書いても、英語のインプット修業の妨げにならないよう、常に心掛けている。

FOX、**CNN**、**BBC** すべて **background music**。

私は英語を **music** ととらえる。

映画の英語の流れは潮の流れである。ドラマの英語をバックにすると潮騒になる。

4 ★★★

There you go.
ゼア　ユウ　ゴウ

その通り。

　You're right. でもいいのだが、そこには、right か wrong を決定するあなたがいる。相手は採点をつけられたことになる。うるさい人は、なぜ（why）とくいさがるかもしれない。

　ところが、There you go. なら「ぼくと全く同じ意見だ（ありがとう）」という感謝の意味が加わる。

　「あなたは、そこにいたのか」なら、There you are.

　「これはまあ、めずらしい人が」は、Look who's here.

5 ★★★
There you go again.
ゼア　ユウ　ゴウ　アゲン

また、失言したな。

「また、やらかしたな」は、you ではなくて、私自身の場合もある。

There I go again.（また、どじっちゃった）
There she goes again.（また、彼女のチョンボだ）
There they go again.
（また、アメリカはどこかと戦争をおっぱじめた）
というふうに応用が利く。発音だけじゃなくリズムも、
There you go again. 10回音読のこと。
There|you|go|again. のリズムと共に。

6 ★★★
It's part of the job.
イッツパーロヴざジャッブ

これも仕事のうちさ。

「自殺願望の人を助けているなんて、あんたのやっていることは、すごい…宮本さん」

You're doing an amazing job, helping suicidal people on the street, Mr. Miyamoto.

「これも仕事のうちです」

It's part of the job.

自殺願望の女性を救おうとして、自らの命を絶った今日のサムライ、宮本警部に黙祷を捧げたい。

7 ★★★

Just me.

ジャス(ト)　ミー

ここには誰もいません。

　日本人は「個」という意識に乏しく、**There's nobody here.** と言ってしまう。外国人のロジックでみれば、「君がそこにいるじゃないか」となる。

　別にウソをついているわけではない。見ている自分という「個」がないだけだ。ロジックを用いれば、

　Nobody but me. となる。

　二人や三人だけしかいないときは、**Just us.** そう、これで「誰もいません」となる。

　None but us. ナンバラスを 10 回音読。

8 ★★★

First thing, first.

フースト セング　フースト

善は急げ。

　『スーパーナチュラル』シーズン 2 の中でメモった。

　これまでは、**Make haste to do what is right.** のような固い表現が善だと思っていた。

　ある辞書には、**Never hesitate to do good.** とある。

　正しい。しかし使えない。リズムがない。

　First thing, first. なら 1 秒以内でいえるので、メリハリが利いている。「善」の定義は、プライオリティーの高いものだから **first**。まったくムダがない。

9 ★★★
Oh, my God.
オー マイガッド

まさか。

It can't be. もよく使われるが、おすすめは、Oh, my God. だ。応用が広い、予期せぬことが起こったときに発する、とっさの1秒英語だ。

ある映画のシーン。男と女。そこへ男の妻が来る。その女と女房は、友人だった。この3人が、同じ1秒英語を使った。

それは何か？ Oh, my God. 全員が同じ1秒英語を使った。これが自然な英語なのだ。

三角関係は流血を招くことがある。部屋に入ると、一人の女が血だらけになって死んでいた。

そのときの英語は、Oh, my God. ではない。Jesus! だ。

10 ★★★

Start over.

スタート　オウヴァー

ゼロからやり直しなさい。

だれでも出直す権利がある。
Everybody deserves a fresh start.
別に **fresh start** を使わなくても、**over** だけで十分。
from zero という表現はない。**start from nothing**（裸一貫）ならあるが…。
　この **over** を覚えておくと便利だ。**turn over a new leaf** は、新しいページの最初の行から始まるので、心機一転となる。
　change one's mind と記していた辞書があるが、**over** がないので迫力に乏しい。

11 ★★★

It's time (I left here).

イッツタイ(マ)　アイレフ(ト)ヒア

そろそろ、辞めるか。

It's about time I quit.（もう辞めてもいい頃だ）
about time で「潮時」なのだが、映画では **about** もカットされている。**It's time for me to leave.** は、文法的には正しくともぎこちない。**It's time I left.** と、**leave** を過去形に変えた方がよい。
「ぼつぼつ、A さんから一言」
It's time we heard from A.

12 ★★★ How dare you!

ハウ　デア　ユウ

よくもまあ。

よくもお前が、と「お前」が入っているので、最後の YOU を強く発音すべきだ。dare（古語 durst から）の原義は、「勇気がある」「恐れずに〜する」だ。動詞と助動詞の境界があいまいなので、使いにくい。音読で覚えてしまおう。

I didn't dare to risk it.
冒険する勇気がなかった。
（I didn't dare take any risk. でもよい）
How did you dare (to) do that?
これを縮めて、How dare you?
「Dare を使って、作文しなさい」
「I don't dare, いや I dare not try? ああやっぱりだめ」
「I dare you.（むりしてでも作りなさい）」
他にもよく耳にする英語がある。
What (a) nerve!　nerves と複数形となると、神経になる。
この nerve は、度胸、気力以外に、口語表現では、「ずぶとさ」「ずうずうしさ」という意味がある。文脈と共に覚えてみよう。
Where did you pick up the nerve to tell me what to do?
（私に命令する勇気〈図々しさ〉はどこで学んだのか）

13 ★★★

Time flies.

タイム　フライズ

月日が経つのは早いもんだね。

「光陰矢の如し」は、**Time flies like an arrow.** のことだが、3秒を越える。アメリカ人でも、こういう **cliche**（陳腐な決まり文句）は使わない。彼らは、**Time flies.** または **Time goes by (quickly).** だけ。

親切な人なら、付加疑問文で、**doesn't it?** と巻き込もうとしてくれる。**Yes, it does. It sure does.** と返そう。

「まるで昨日のことのよう」**Seems like yesterday.**

1秒で収まる。

14 ★★★

It's been a while.

イッツベンナワイ（ロ）

久しぶりだね。

It's を取れば、**Been a while.** ベナワイロ。L を「ル」と発音すると「う」という母音が脱走するから、子音の L を上歯の歯ぐきの裏で止めてしまおう。

「ベナワイ」は 1/2 秒、映画で耳にしても、ほとんど日本人は聴き取れないだろう。もうすこし、音読の練習をしよう。

15 ★★★
I'm happy for you.
アイム　ハッピー　フォーユウ

おめでとう。

　Congratulations. が一般的に使われている。これで正解だが、もっと個人的に相手の懐に飛び込むには、I'm happy for you. がお勧めだ。二人以上なら、We're happy for you.
　Good for you.（よかったわねえ）という人もいるが、ちょっと距離感がある。

16 ★★★
What's up?
ワッ　サッ(プ)

どうした。

　What's up? だから、ワッツアップだが、耳はワッサッとしか入らない。アメリカ人は、What's cooking? という表現を好む。
　こういうくだけた口語表現は、あまり勧められない。
　かつて、What's the matter with you? と言った米兵の言葉を真似てワスマラユーと発音した、パンパンと呼ばれた日本人女性がいた。映画で耳にするワッサッ(プ) もおもしろい。

17 ★★★ I'd rather not.

アイド　らザー　ナッ(ト)

遠慮します。

「ありがとう、でも結構です」
Thanks. But no thanks.

ストレートでよいが、日常会話で、何かを勧められ、気乗りがしない場合は、ストレートに **No.** というより、**I'd rather not.** と遠慮した方が、人間関係がスムーズにいく。

「勝っている間にやめればいいじゃん」
Quit while you're ahead.

「いや、そんなことは遠慮したい」
I'd rather not.

18 ★★★ Ask her out.

アスカらウ（ト）

彼女をデートに誘えよ。

よく映画で耳にする英語表現は、ask out.
「外へ連れ出す」ことだから ask 〜 out となる。date という D-word が露骨すぎるからかもしれない。カタカナ英語警戒者の私は ask を勧める。

「プロポーズする」も ask を使う。
He asked me to marry him.
これでよい。make a proposal of marriage to 〜となると堅苦しくなる。

Propose to (a girl) も、たまにしか耳にしない。

19 ★★★ Let's face it.

レッツ　フェイセッ（ト）

じゃないですか。

Let's face it, good-looking office ladies marry soon.
（美人の OL は早く結婚するっていうじゃないですか）
to face とは、顔を向けることだから、逃げられない。
look は、face の表面に現れる表情だから、変わる —— 逃げられる。

face the music とは、自分の過ちを認め、潔く制裁を受けること。この music は、聴衆に向かうオーケストラか、解雇される兵隊が耳にするドラムのいずれか。

20 ★★★

Wish I knew.

ウイシャアイヌー

さあー、(わからない)

「さあー」とはどういう意味ですか、とネイティブに質問されて困ったことがある。答えられないときに使う1秒表現は、**Wish I knew.** だろう。

もっと知的に、**That's debatable.**
(ディベートしなきゃわからない)
It's a toss-up.（海のものとも山のものともわからない）
You never know.

21 ★★★

Where'd you go to school?

ホエア　ジュウ　ゴウ　トウ　スクー(ロ)

どこの学校を卒業したの。

Give me the name of the school you went to? では、3秒かかり、まるで法廷での尋問になってしまう。

ここは、1秒で、ホエアジュゴウトウースクーロと決めて欲しい。「二人は学友だ」は、**We went to the same school.** となる。

「ええー、どこの法学校を卒業したの」は、
Wait, where'd you go to law school?
卒業イコール **graduate** という思考は卒業しよう。

22 ★★★
How'd it go?
ハウ　デゴウ

あの話はどうなったの。

「あの話って何だっけ」というなら、How did what go? という。めったに使わない。二人の間がツーカーの関係であれば、ハウデゴで充分通じる。英語のプロでも意外に使えない。中間報告なら、How's it going? (ハウゼゴーイン)

go が自然に耳に入り、通じるようになれば、もうクロオビ。JALT の英語講演のあと、カメラ担当のロバート・ハビック氏（関西弁のわかるアメリカ人）にハウデゴウ（ぼくの講演どうだった）といったら、相手も私のリズムに乗って、It went. と 1/2 秒で返した。

Good か Bad じゃなく、「終わった」(Went) と返した。ニクイ。「まあまあ」か「とりあえず終わった」か「良くもなく、悪くもなかった」といったところか。

23 ★★★
Try, Try again.
トゥライ　トゥライ　アゲン

継続は力なり。

Continuation is power. で通じるのは日本人同士。ネイティブは、同じことを繰り返すのは力ではない、変化に対応できるパワーが「実力」だと考えるからだ。継続とは、たゆまざる努力のことで、失敗しても失敗してもヘコたれないこと。

Practice makes perfect. のことだ。私はネイティブ好みの Try, try, again. をすすめる。1 秒で言える。

24 ★★★
Begging you.
ベッギング　ユウ

そこをなんとか。

「教えて」Tell me.

「ぜひ　教えて」Do tell me.

「お願いだから教えて」Please, tell me.

（シャーロック・ホームズの時代のイギリス人なら、「どうぞ」のつもりで pray を使う。Pray tell me. のように）

「そこをなんとか」 Please, tell me. I'm begging you.

呼吸を意識して、トータル3秒まで伸ばせば、哀願の効果はてきめん。

Begging you. の代わりに、I'm begging you. とていねいに言った方が効果のある場合がある。それでも3秒以内にとどめること。

NONES CHANNEL で世界に向けて英語で訴えた時も Begging you. を使った。東日本大震災のあと、多くの日本人や外国人が東京を去った。

世界中の「日本が沈没する」という大コーラスで東京脱出が始まった。

Don't walk out on Japan.（日本を見捨てないで）

Don't sell us short.（先物売しないで）

Pay us forward.（先行投資して欲しい）

We'll repay you forward.（徳で返すから）

と1秒英語のオンパレードで世界へメッセージを送った。

25 ★★★
I knew it.

アイ　ヌウーエット

やっぱり。

「やっぱり」は難訳語の一つ。しかし発想転換すればワケはない。プロの同時通訳者の意地で適訳を探し求めた。
"I knew it." こんな近くにあった。

it は、「それ」でなく、求めている解答のことだ。know とは、learning というプロセスを経ずとも、ピーンとわかることだ。言葉の要らない世界だ。しかし、あいまいな世界でもある。

「松本先生、血液型は」と聞かれ、「A 型」と答えると、「やっぱり」（I knew it.）と答える人間は、信用しない。

もし、「O 型」と答えても、「やっぱり」と答えるからだ。

私はプロのディベーターだ。手元のメモに予想を書いてから聞く。

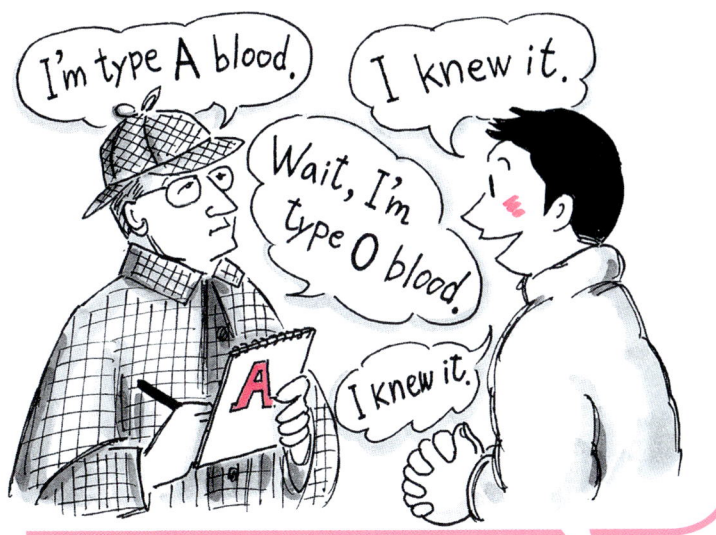

　ちょっと本音で君たちと話してみたい。
　Let me be personal.
　人間関係であまり、personal にならないことだ。personal とは、「我」、これが個人の領域に入ったり、つまらないところで意地を張ると要注意だ。ディベートでは真理の追究――まあ喫茶店ではむずかしい話はやめよう。君の英語じゃメシは食えないな。この場所で、二人っきりだからいわせていただくので、気を悪くしないように。
　Nothing is personal.
（君がにくいから、言っているわけじゃない）
「場所によって答えが違うのですが」
「いい質問だね」と答えるのが、池上彰のテレビ番組。コーヒー・ブレイクでは、お世辞抜きですぐに返答する。
　しかし、縄のれん（NONES CHANNEL では、サムライ・トーク）では、ズケッという。
「くだらん質問だよ。もっとグサーッとくる質問をしないか」
　Don't lie to me. Get to the point.
　ところで、私が同時通訳のブースに入っていると仮定して、池上彰が「いい質問ですね」と言ったとしたら、
　That's a good question. とは訳さず、Glad you asked (that). と即答する。good の意味がわからないからだ。

26 ★★★ You're the one.

ユア　ざ　ワンヌ

あんたしかいない。

あなたは私が求めていた、まさにその人です。
You're the (very) person I've been looking for.
very を外しても、the を外すことはできない。
You're not just another teacher, you're the one.
（あなたは、どこにでもいる先生じゃありません。一人しかいない〈かけがえのない〉先生です）

a teacher は、多くの先生の中の一人。
the teacher は、一人しかいない稀有の先生。
the one をザワン、じゃなくて「じぃワン」と発音する人が多い。『OBAMA―From Promise to Power』にこんな箇所があった。

When the host introduced him to a cheering crowd as "the best and the brightest we have to offer the world…"（『OBAMA』by David Endell, p242）

オバマは、エリート中のエリートだと紹介したのだ。
ベスト・アンド・ブライテストでエリートなのだが、その中でも二つの形容詞の各々に **the** をつけているから、最大の賛辞になる。

洗礼者のヨハネが、ヨルダン川を通りかかったナザレのイエスに会ったとき、You're the one. といった。
ついでに、「こいつがその男だ」と紹介するときにも **the one** を使う。He's the one.
『Night and Day』というアクション映画で、トム・クルーズが何回も使っていた。

27 ★★★
You don't know me.

ユウ ドウントノウミー

私を誰だと思っているの。

Who do you think I am? この直訳で通じる。男ならもっときつい調子で **the hell** を加える。

Who the hell do you think I am?

身内が死んだときに、弁護士（**ambulance chaser** 救急車を追う悪徳弁護士）が名刺を出して、「お役に立てれば」と挨拶されると、ムカッときて、「恥を知れ」（**Shame on you!**）というだろう。そのあとのセリフもどぎつい。

Who the hell do you think you are?

「きさま、何様のつもりだ。」

Who the hell do you think got you where you are?

「だれのおかげでお前はここまで来たんだ」

ある大阪弁がペラペラなアメリカの婦人に聞いた。

「だれのおかげやねん（サカイ引越センターのコマーシャル）」の訳がこれだった。ある酒場で、二人は笑いこけた。

何回も音読して、身につけてしまった。

Who the hell do you think got you where you are? は、少し長いが、一言で情感を込めて音読してみよう。

しかし、「私をなんだと思っているの」の正解は、

You don't know me.

使えそうで使えない1秒フレーズ。

「見損なっちゃ困るよ」という場合でも、

You don't know me.

28 ★★★
You never know.
ユウ　ネヴァ　ノウ

これも天の定め。

天は Heaven。中国人は天を使うが、西洋人は God を使う。God knows. と。中近東の人は、It's written. というだろう。（映画『アラビアのロレンス』の中で何度も耳にした）

天も神も信じてない人は、You never know. か Who knows?
日本人は「縁」という言葉を好む。
「どんな良縁があるかもよ」も You never know.
家族会議で疲れた人は、こんな英語を 8 回音読してみよう。
You never know / what the future will bring us.
God のジョークを一つ。
Is there a God? God only knows.
1 秒英語を重ねて一つのジョーク。

29 ★★★
That's the bottom line.
ざッツ　ざ　バラムライン

ぶっちゃけた話がそれ。

　ドン底（bottom）はこれ以上、値切れない、妥協のできない条件のことでもある。会計用語で、最終的に物をいう、つまり、儲かったか、それとも赤字かという帳簿のボトムの線（ライン）のことだ。

　Get to the bottom of this.（この件の）けじめをつけよ、という意味だ。関西人の「ぶっちゃけた話」というのもバラムライン。これ以上、「値切ってもムダだ」という場合もバラムライン。

30 ★★★ Don't get personal!

ドウトゲッ(ト) プースヌ

ムキになってはいけません。

今、この原稿を書いているとき、FOX インターネットニュースで、Obama is getting personal.（オバマがムキになっている）という英語を聴いて、ペンをとめた。

そのあと、Obama is attacking opponents in personal terms. という英語を耳にしてすぐにメモに書きとめた。

画面に眼を通すと、たしかに怒っている。

The President Gets Personal.（大統領が感情的）という見出しが気になる。

get personal とは、「感情的になる」という意味だ。決して get emotional「情感を顕わにする」と混同しないように。emotional は、悪い意味で使われることはない。

オバマ大統領が、カーッとなり、感情を顕わにしたとは、なんと人間的な人なのだろう、と感無量になる人もいよう。

「感無量」とは emotional、それで涙がこぼれるほど「感傷的に」なれば、get personal を超えて get sentimental になる。

ナニワ英語道は、「情」から入る。

大都会は「知」から入る。その点、都会でありながら「村」的な大阪は、英語を emotion で使う最適な場所だ。

sentimental trip といおうか、たまに大阪へ戻るとホッとする。

31 ★★★ Mind if I smoke?

マインディフアイスモウ(カ)

煙草吸ってもいいですか。

学校時代に正しい文法を学んだ。

Would you mind my smoking? でもオーケー。**my smoking** は **if I smoke** と同じ。

Would を **Do** に変えて、**Do you mind if I smoke?** は、より日常会話的だ。それでも、もっとナチュラルに1秒に縮めると、**Do you** もカットして、**Mind if I smoke?** となる。

日常会話の最小単位はほとんど1秒以内。

Mind if I sit? マイディファイスイット。**down** は不要。

No, (I don't mind)

ノウ

かまいません。

この答は、**No.** だ。なぜ **No** か。**mind**（気にする）を否定するからノウだ。だからマインドと聞けば、自動的に **No.** と答えよと教わってきた。

ところが、構って欲しいときがある。海外でタクシーに乗るとき、運転手が、**Mind if I smoke?** と聞くと、**Yes.**（吸わないでください）と答える。すぐに相手も **sorry** といってやめる。

あまりぶっきらぼうじゃ、情報がとれないと考えるとビコーズを加える。**Because I have bronchitis.**（気管支炎でね）と"白いウソ（**a fib**、**a lie** ではない)"をつく。

Yes.

イエス

困ります。

吸ってもらっちゃ困ります、というときに yes で答えるのは、有段者（クロオビ）だが、そんな難しいことではない。英会話の基本は、Yes と No を使い分けることから始まる。

You've murdered your husband.
（あなたは夫を殺害した）
No. Mr. Columbo. （いいえ、していません）
Oh, you haven't?
（殺害していないとでもおっしゃるのですか、奥さん）
Yes. （やっぱり、私が殺りました）

このように、**No.** というところを **Yes.** といって犯人扱いされた日本人は多い。1秒英語はスピーディーなので、**Yes** か **No** の判断もスピーディーでいこう。

Yes と **No** から離れて、TPO にかかわらず、「困ります」とか「遠慮します」は、**I'd rather not.** でいいと思う。

No. とか **I'm out.** は、あまりストレートで日本人には使いにくいが、**I'd rather not.** なら勧められる。

Oh, you don't want to follow my advise? と言われても、**No.** と答えること。**Yes** と答えたら、また振り出しに戻ってしまう。

32 ★★★ What a waste!

ワラ　ウエイスト

なんともったいない！

時間がもったいないなら、What a waste of time!
お金がもったいないなら、What a waste of money!
アメリカ人は waste をよく使う。
You're wasting my time.
I didn't come here to waste your time.
どちらも斬れる表現だ。

「もったいない」の本当の意味（waste せずにリサイクルができるのに）は、アメリカ人に通じないと思っていたら、中国人を雇っている日本人の社長も、中国人に「もったいない」の精神を教えるのは骨が折れますとこぼしておられた。食堂でも料理を残すのはあたりまえだという。あとは捨てればいいという。

　そういう態度を wasteful attitude という。

　日本に滞在している多くの外国人の中には、教養豊かな人が多い。

　しかし、彼らを使う職場がなく、英会話を教える講師に偏ってしまう。惜しい。本誌の録音プロジェクトに協力してくれた、ミゲールさんは、日本語も英語も完璧。ご本人の前でこう言った。

　You deserve better.（もったいない）と。

33 ★★★

For old time's sake.
フォー　オウルドタイムズセイク

水くさいぜ。

「水くさいぜ」を「古い仲じゃないか」と置き換えたら、フォー、オール、タイムズ、セイクがピッタリだ。特によく耳にする表現だから、私のお勧めだ。

We're not strangers. でもいいが、まだ受身的（**defensive**）だ。英語はもっと攻撃的（**offensive**）。

What're friends for?
こちらの方がよく耳にする。
10回音読。もうすぐ映画でこの1秒英語がキャッチできる。発音ができれば、リスニングはぐんと伸びる。

34 ★★☆

You had it coming.
ユウ　ハデッ（ト）　カミング

身から出たサビよ。

You got what you deserved.（ザマアミロ）
もよく使われる。しかし1秒以内で話せる方が呼吸がラクだ。私は **I had it coming.** をすすめる。
英語のやまと言葉といえる **coming** という動詞が好きなのだ。
I saw it coming.（そうなると思っていた）

35 ★★☆
I just don't get it.

アイジャストドウン(ト)ゲレット

わけわかんねー(ない)。

I just didn't do it.（それでも僕は、やっていない）の「それでも」は just で逃げることができる。

これ以上、聞くなという意味で just が用いられるケースがある。
「私もさっぱり、わけがわからなかったのよ」
"I just didn't get it."
「わけわかんね」という江戸弁も I just don't get it.

just の中には、ガンとして動じないという決意が秘められている。わかるかな。I just don't get it. って？

Just trust me.
「だまってオレを信じてついてくるんだ」

36 ★★☆

After you.
アフター　ユー

（どうぞ）お先に。

You, go first. という人もいるが、通常、After you. と相手を立てる方がフォーマルで、しかも礼儀正しい。
「オレのあとについて来い」というなら、After me.
Ladies first. はめったに使われない。こんな映画のシーンがある。
After you.
No. After you.
No. After you.
ネイティブ同士のやりとりだが、まるで日本人同士の譲り合いに似ていて、ほほえましく感じた。

37 ★★☆

You mean it?
ユー　ミーネット

マジで？

語られた言葉が、大して意味をなさないことが難しい。
だから、本音で語りたいなら、I mean it. をつけ加えてみよう。
I need you, I love you. And I mean it.
「マジ（真面目）で（いっているの）」というのは、相手の真意を確かめるために、つい口から出てくる。
Are you serious? も、You mean it? も、どちらも1秒英語。

38 ★★☆ This is a bad time.
ゼス　エザ　ベッドタイマ

ちょっと取り込んでおりますので。

wrong time ではない。別に深夜じゃないんだから。

しかし、不都合な（こちらサイドにとり）とき、つまり部屋中がちらかっていたり、見られてはいけない状態であれば、困ってしまう。つまり、**bad time** だ。

「いま、お邪魔していいですか」というときは、

Is this a bad time? と聞くのが常識だ。オープンで、どうぞ **The door's (always) open.** といえない。都合の悪いときは誰だってある。

ある新入社員が「あのう、今社長、取り乱していますので…」と。「取り込み中」と「取り乱す」とは、大違いだ。最近の日本の若者、日本語が乱れているぞ。

「いい時に来た」は、**a good time.** だ

「悪い時に来た（取り込み中）」は、**a bad time.**

合気道の元祖、植芝盛平が、同じ田辺市（和歌山県）の南方熊楠宅を訪れた。

世界一の学者に会いたい気持ちで、一杯だった。「どうぞ」と言われて、戸を開けた。玄関の前に立った。南方熊楠は、なんと素っ裸であったという。いつもふんどしで歩いていた、その変人学者が南方熊楠であった。この型破りの学者には、**bad** も **good** もなかったとみえる。

39 ★★☆
I didn't mean it (that way).
アイディドントミーネッ　ゼットウェイ

そんなつもりでいったんじゃない。

　何気なくいった言葉が、相手に曲解されることがある。だから、いつでも **What I mean is.** とか、時が経てば、**What I meant was** …と言い換えることができる。
　あくまで防御のためである。
　「どんなつもりで言っているの」は、
How do you mean?
What do you mean? でないから、かなり微妙だ。

40 ★★☆
Don't take it personal.
ドウント　テイケット　プースノ

感情的にならないで。

　この感情的を emotional と勘違いする日本人がいる。感情的（emotional）には悪い意味はない。
　済州島の韓国人に聞いたが、中国人は「義」にうるさい。韓国人は「情」を大切にする。そして日本人は「理」にうるさいという。中国が **hot** で韓国が **warm** で、日本人は **cool** か。**cold** だと思われているのかと知って、ちょっとショックだった。
　韓国人が「あの人は多情だ（ダジョンハンダ）」といえば、情感豊かで心の温かいというふうに解釈する。多情がエッチと解釈する日本人とは発想的に、かなり隔たりがある。

41 ★★☆

Some other time.

サム　アザー　タイ(マ)

そのうちにね。

ちょっともてる女性は、断りがうまい。
映画でよく出るセリフ。
Some other time.
これでフラれたな。
これじゃ、あまりにもストレート過ぎて反感を買う。そこで、断り上手な女性は、さらりと maybe を加える。
Maybe some other time.
「会いたくない」というメッセージは同じ。
「具体的に、いつ？ Be specific.」と問いただす人は、ビョーキ。たとえ、正しく発音できても。

42 ★★☆

So what?

ソウ　ホワッ(ト)

それがどうした。

便利な表現だ。**You are a fool.** といわれたら、東京人は怒る。大阪人は「せやねん。アホやねん」と笑いをとる。しかし、開き直る人もいる。
So what?（だからどうした）と。
この開き直る態度を、**a so-what attitude** という。
開き直るほどのインパクトはないが、「だから」とか「それで」と、さらに深く追いかけるときは、**So?** だけでよい。

43 ★★☆

You win.

ユー　ウィン(ヌ)

君には負けたよ。

「負けたよ」は、I lost. ではダメ。

「負けた」というのは今のこと。だから現在形の I lose. になる。I lost. は「過去は負けた」(現在は負けていない)になる。こういうのが英語的発想だ。

She was pretty. は、「今は可愛くない」ということだ。

さて進もう。I lose. でも、まだだ。I を You に変えて、You win. で完成。

All right, Dewey, that's enough. You win.

(『Dewey』 p104)

『Dewey』は私のお気に入りの本。ある一匹の捨てられた野良猫(**alley cat**)が **library cat**(図書館のネコ)となり **talk of town** になる美談だ。

Heads I win, tails you lose. は「どちらにころがっても、君には勝ち目がない」というとき使われる。

win は勝ち負けの域を越えることがある。「相手を納得させる」は「相手の心を射る」ことであるから、**win the hearts and minds of** 〜となる。

44 ★★☆
Good work.
グッ(ド) ウォー(ク)

おつかれさま。

　日本では、仕事に区切りがつくと、お互いの労をねぎらう習慣がある。**You must be tired.** ではない。かつてそういったことがあったが、相手は、**Nicely tired.** と言い返してくれた。

　『NATIONAL GEOGRAPHIC』や『The History Channel』のドキュメンタリー制作に駆り出されたことがあったが、よほど満足のいく結果でないと、何度もやり直しを強いられた。

　だから、「おつかれさま」は、**A good job.** か **Good work.** になる。相手も「お疲れ様」（**You too.**）という代わりに、**Thanks.** という。**Good job. Thanks. You too.** 1/2 秒の英語をつなげてもトータルでわずか3秒。グッジャ、センクス、ユウトゥー。

　Well done. といわれても、**Thanks.** で返そう。

　最近また10本ぐらいの洋画を観た。その間、**Good work.** が3回も出てきた。**Good job.** より **Good work.** の方が頻度数が高そうだ。

　job は具体的な評価の対象になるが、work は結果以外に努力まで含まれているような気がする。a が要らないから、日本人の「おつかれさま」のニュアンスに近そうだ。

45 ★★☆

Guess what?

ゲス　ワット

あのね。当ててごらん。

「今からいうこと、当ててね」と同じ意味。
欧米人好みの表現で、**Guess what?** は決まり文句。
相手は、すぐに **What?** と返す。そこで用件に入る。
1. Guess what?
2. What?
3. I'm in the family way.

日本人が聴きとれる英語表現は、**3**。しかし、意味が不明。
そこで、**I'm pregnant.** といえば、全員わかる。
どちらも1秒英語。

> I'll tell you something I've never told anyone before. Guess what?

> What?

46 ★★☆
Stay focused.
ステイフォウカス（ト）

集中するんだ。

　メジャー入りしたある日本の野球選手が本を書いた。もう英語で苦労しなくなったという成功物語であった。

　何度聴いてもわからなかった英語が、やっとわかったという。それが、**Stay focused.**（集中するんだ）であった。

　それが彼の耳に入ったときステイフォーカスと聞こえた。文法的にも意味をなさない。**focused** の **ed**（トと発音）が黙音（呼吸音）であったから、彼の耳に入らなかったのだ。英語は音だけではなく、呼吸でもある。息の「間」を忘れずに。そしてリスニングに集中せよ。ステイフォーカスト オン リスニング。

47 ★★☆
Did you get your wish?
ディッジューゲッチュアウイッシュ

望みがかなえられたの？

　「られる、されるは、ハブモクテキカコブンシでなく、**get** で」という松本道弘の文法法則を使えばわけない。

　神社でお祈りしたのはいいけど、何かご利益でもあったの、という場合でも、英語では日本語の 1/5 の息で十分。

　Did you get your wish? で 1 秒。**Did you** も省き、**Get your wish?** と 1/2 秒でも通じる。1 秒が自然な英語のリズムだから、**Get what you wanted?** と長文に置き換えることもできる。ネイティブはウォンテッドをワネッ（ド）とまで縮めてしまう。

48 ★★☆

Look both ways.

ルック　ボウす　ウェイズ

左右を見て渡るんですよ。

　この **both ways** という言い回しは応用が利くので覚えておこう。あるメロドラマの中で、こんな表現をみつけた。

You can argue both ways.

　この場合、どちらの立場に立っても議論が展開できるという以外に、「知」も「情」もどちらのロジックを使っても争えるという意味であったと思う。

　たしか、**both logical and poetic** であった。いつの間にかメモっていた。**emotional** というよりも **poetic** という表現がきわめて **poetic** だった。

　poetic justice とは、「勧善懲悪」に近い。法律通りには裁けない、込み入ったケースが世の中には多いものだ。とくに男と女の関係となると…

　こんなセリフもメモしている。

It wasn't logic, but it was love.

　アタマだけじゃなくて、ココロも。

　「両方見るんですよ」は、**Have it both ways : logic and emotion.** **mind** と **heart** を置き換えてもよい。

　ただ **look** の場合は、**see**（向こうから見えてくる）と違って、自発的行為になる。

　法律や **logic** では逃げられないが、情で逃がしてやりたい時は、**Just wink at it.** という。「知らんぷりしておけ」のこと。日本人の得意なメコボシの術だ。

49 ★★☆
Don't let me down.

ドウントレットミーダウン

ぼくの期待を裏切らないで。

「裏切る」を英語でどういうか。こう聞けばほとんどの日本人は、**betray** と答える。よく知っている──ビッグ・ワードだ。

本当に「裏切るな」というときは、**Don't turn on me.** か、もっと軽く、**Don't let me down.** でよい。

Don't betray me. はめったに耳にしない。

中国じゅうに、**Crazy English** のブームを作った李楊氏は、並みいる支持者に、**Never let your country down.** とコーラスで歌わせ、このフレーズをリズムと共に覚えさせた。

「国を裏切る」とは、愛国心という言葉の好きな中国人の心に響く。

Big words ではリズムを失ってしまう。

Don't disappoint me. より **Don't let me down.**

「君はいい名前をもらっているんだから、名前負けしないようにね、多美子」

名前負け？　そう考えてはいけない。名前に託された期待を裏切るな、と発想転換してみよう。

Live up to your name, Tamiko.

50 ★★☆
We get along well.
ウイ　ゲラロング　ウェル

妻とはうまくいっている。

「仲が良い」は get along。そう、それだけでよい。
「夫婦間はうまくいっているかい」は、Are you getting along well? well は別にいらない。

We get along.（ケンカしない）
We're getting along, sort of.（かろうじてね）

菱研 TIME 大学で教えた、こんな斬れる表現がある。
a go-along-to get-along Establishment type
(『TIME』, Nov.15, 2010, p28)

うまくやっていくために、同調する（**go along**）タイプの人間。ナアナア人間というのがそれ。右向け右も **go along**。

51 ★★☆
Who're you with?
フ(ア)　ユウ　ウィす

そこにいるのは誰？

「あなたは誰と一緒にいるの」と日本語では長くなるが、英語では1秒。Who're you with?
ちょっと口を動かす練習をしてみよう。
Who's he with?
Who is he with?
(who's と短くすれば 1/2 秒に近づく)
She? (彼女)
What's she to you? (あんたにとって、彼女は何者？)
ワッツシートゥーユウを1秒でいえるように10回音読してみよう。これで映画の英語が身近になる。

52 ★★☆

Who're you with.

フ(ア) ユウ ウィす

あのとき君の横にいた人は誰だったの。

日本語では長くなるが、英語では 1 秒。

「あのとき」は are の過去形の were。縮めて 're。横にいた人は、**the person you were with** だから疑問文で **who** が使える。**whom** は、**who** に縮められるから、**Who were you with?** となる。

Who're you with? は確実に 1 秒以内。フーユーウイすで通じる。きっとネイティブ以上の早業になる。日本にいるネイティブは、日本人の耳に通じるように、1 秒を 3 秒にまで延ばしてしまうので、国へ帰ったときに、同僚が驚くという。「なんだ今使っている英語は？」と。

日本に長くいたネイティブは、すでにネイティブではない。歌を忘れたカナリアか？

そんなネイティブ感覚を失った多くのネイティブを知っている。

53 ★★☆

I know.

アイ ノウ

言わなくてもわかる。

この日本語を直訳すると、"I understand it without your saying so." となる。3 秒をオーバーする。これを呼吸がラクな英語にすると、1 秒以内、いや 1/2 秒で収まる。

I know it. の it までカットする。

「あんたのくやしい気持ち、よーくわかる」と感情を込めると、I know. I know. と 2 回述べ、1 秒にまで伸ばしてみることだ。

54 ★★☆
Oh, you should'n'ave.
オーユウシュドウナヴ

お構いなく。

ホストファミリーも、英語の理解できない日本人が泊まっていると気を使う。近所で DVD を買ってきて、リスニングのレッスンをさせる。「ほらね、あの Freeze. というのは止まれ、ということよ。動いちゃ殺されるわよ。もう一度バックしますからね。外国語はリスニングが大切なんだから。私も日本で苦労したのは聴きとりだったんだから」

ここまで親切にされると、「どうか、そこまではしてくださらなくても。お願いだからお構いなく」と言いたくなる。日本語でいえば数十秒かかるが、英語では数秒。

Oh, you should not have done that.

これを 1 秒に縮めるとオーユウシュドナヴになる。done that は don'at(ダンナッ)と縮めて思い切ってカット。

人の迷惑など一切お構いなしの人がいる。陰でこう噂される。

He couldn't care less. 周りを気にしないやつだ。

よく耳にする一息英語だ。

「どんな噂を聞いてもへいちゃらだ」という感覚があれば、**I couldn't care less.** と開き直ることができる。

55 ★★☆
You're too paranoid.
ユーアー　トゥーパらノイド

君ィ、そりゃ考え過ぎだよ。

「そりゃ被害妄想だよ」も同じ。辞書をみると、**a persecution complex** がある。だから使えなくなる。

「それって、被害妄想だよ」と日本人が言う場合、偏執狂（一つの事に異常に執着し、病的な態度を示す人）を意味することはまずない。

とにかく周囲の眼を気にして、ビクビクしているような人は、**paranoid** で十分。**paranoid** を『コウビルド英英辞典』で引けばわかる。

If you say that someone is paranoid, you mean that they are extremely suspicious and afraid of other people. コウビルドの例文は、すぐに使えるから有難い。

表題にも、被害妄想をやめて、「そりゃ考え過ぎだよ」とコウビルド好みの日本語に変えた。

映画『**Client**』（邦題は、ザ・クライアント『依頼人』）の中で、**You're getting paranoid.** という表現を耳にした。

字幕を見ていないが、かつてプロの同時通訳者であった私は、「そりゃ人の眼を気にし過ぎだよ」と即座に頭の中で訳してみた。同時通訳者は、言葉から離れ文脈の流れやその場のムードまで伝える字幕翻訳者を格別意識する。

56 ★★☆ Achoo. Bless you.
アチュー　ブレッシュウ

ハクション

　Ah-choo でもよい。日本人の間ではこれだけでよろしい。英語の擬音語のスペルでとどめておきたかったが、英語を学ぶ人には、フォローアップが必要だ。彼らはあたりかまわず即座に God bless you. という。God を省き Bless you だけでもよい。Thanks. と答えれば、ガイジン道の有段者。一人二役が 3 秒でつとまるように、音読してみよう。

　5、6 回じゃまた忘れる。しょっちゅうガイジンが側にいるわけじゃないから。とっさのときに使えるように、ときどき本書に戻って音読しよう。Achoo. Bless you. Thanks. あと 5 回！

57 ★★☆
Think on your feet.

センクアンユアフィー（ト）

とっさのとき判断できるように。

　Think on your own. とは、Think independently. のことだといえば、日本人にはピンとくる。

　しかし、ネイティブにはピンとこない。「あの独立思考とは何かね」と問われると、Think on your own. と「とっさ」に答える。

　とっさに答えるとは、「足」に発想転換することだ。Think on your feet. on one's own と on one's feet をまとめると、critical think（日本語に訳すのはむずかしい）となる。

　その場で、yes か no かと考える、あとへ振り返らないことだが、この日本人離れの思考を修得する一番いい方法が、ディベート（究論）である。

58 ★★☆
We're in on it.

ウイア　インナネッ（ト）

二人は同じ穴のムジナさ。

　We're stuck together.（くされ縁）でもよいが、もしくは in this（この件で）である。だから、「ここから逃げられない」という状況がはっきりわかる。その訳はケースバイケース。

　We're in this for the money. なら、金の切れ目が縁の切れ目。We're on it. とは、何らかの企画に参画しているから、タスクフォースが終わったら、バラバラ。しかし、in は on（表面にくっついている）と違って、中に入り込んでいるから、逃げられない。it も on という目的があるから、結果はかなり固い。

59 ★★☆
Everyone knows that.
エヴリワン　ノウズ　ぜッ(ト)

もうそのことは公然の秘密ですよ。

　直訳すれば、**an open secret** となるが、これでは撞着語法（両立しない言葉を組み合わせて修飾的効果を上げようとする語法）になる。

　a wise fool とか **make haste slowly** などは、その例だ。アメリカでは、**Hurry slowly.**（急がば回れ）とこの **oximoron** という語法（悪しき妄論と発音する）を平気で使っている人がいた。

　an open secret もほほえましい。しかし、日常会話なら **Everyone knows this.** でよい。

60 ★★☆
100 dollars. Take it or leave it.
ハネッダラー　テイケッォアリーヴェット

100ドル、これ以上まけられない。

　That's the bottom line.（これが底値だ）でもいいが、同じく1秒英語で、**Take it or leave it.** といってみるのはどうか。

　バラムラインもテイケットオアリーヴェットも、とっさに口から出るようにするには、やはり音読だろう。ワンハンドレッドダラーズも1秒以内。

　hundred は、ハネットと短縮する人が多い。

61 ★★☆

It's been around.

エッツベヌらウン(ド)

人口に膾炙(かいしゃ)している。

「人口に膾炙」とは、世間の人々の話題・評判となって、広く知れ渡ること。日常の会話では、あまり使われなくなったようだ。今では「それは常識だよ」ぐらいに、日本語の格調が落ちてきた。

しかし、英語の around はそのまた、(近くに)定着したというニュアンスが around。英語の方は、よく耳にする表現だが、発音がむずかしくて、日本人学習者にとり、使いにくいようだ。そこで私が開発した、カタカナ発声発音記号が役立つ。

エッツベヌらウン(ド)。確実に1秒以内。これを10回音読してみよう。映画で耳にしたときは、きっと親しみを覚えるだろう。声を出して、発音すれば、きっとリスニングは飛躍的に伸びる。常識もコモンセンスも、エッツベヌらウン(ド)。

62 ★★☆

This is a big break.

ぜスイザビッグブれイク

これは千載一遇のチャンスだ。

まさに golden opportunity だ。golden chance という英語はない。once-in-a-life-time opportunity。

私のお勧めは、This is a big break. だ。

映画『エゴイスト』(The Man From Elysian Fields)の中で、起死回生を狙って、やばいエスコート・ビジネスに入ろうとする。それを断念させようとする妻に、崖っぷちに立った夫が使ったセリフだ。

63 ★★☆
For here or to go?
フォー　ヒアオアトウゴウ

テイクアウトにしますか？

Give me two cokes.
（コーラ 2 つ）
For here or to go?
（店内でお召し上がりますか、それとも…）
Huh? Take out?
（はあ、テイクアウト？）
For here or to go?
（コチラカ　ソレトモ　ゴウアウトデスカ）
Oh, sorry. To go, please.
（すみません、トゥー、ゴーで）

　カタカナ英語は、英会話に邪魔になることが多い。特に、このフォーヒアオアトゥーゴーが 1 秒で話されると、たいがいの日本人はハアと首をかしげてしまう。お持ち帰りはテークアウトだと信じてしまっているからだ。

　ところで、**Give me a coke.** はコカコーラのこと。

Give me a cola. といえば、ペプシコーラがくるかもよ。

　もう一度、**For here or to go.**

　こういう英語は学校——とくに大学では学べない。

　大学の教授は、気位が高いゆえか、こういうくだけた英語表現を低く見る。だから、自己責任で勉強しなさい。

　Study English —— on your own.

64 ★★☆

Just get it over with.

ジャス(ト)　ゲレッ(ト)　ロウヴァー　ウィす

今できることは、今やれ。

　日本人でもアメリカ人が使えないような表現を使ったら、驚くだろう。私が何気なく、**as good as it gets**（最高、これ以上ぜいたくは言えない）を使ったとき『**The History Channel**』のホストが驚いた。日本人がこんな表現を使ったと、仲間のカメラ技師たちで大笑いをしていた。武士にとって切腹は名誉であるが、成敗はお仕置きだろう。その真ん中はない。

　それが、**as real as it gets**（それほど現実は厳しい）なのだ。私の人生でも、こんなことばかりであった。どん底になっても、英語という日本刀が私を救ってくれた。どうやって、そんなクロオビ英語が学べるのか。本書で音読を続けることだ。まず基本だ。

　今やらなきゃ、男じゃないぞ、と「男」を気にするなら、**Guys gotta do what guys gotta do.** でよい。音で覚えてみよう。ガイズガラドウ ワッ(ト)ガイズガラドウー。

　Act like a man. Fight like a soldier. というように **like** を使えばわけはない。

　これは話し言葉だが、書き言葉でも **need** を使えばわけはない。

　You need to do it. でよい。別に **now** は要らない。**need** の中に **now** は含まれているからだ。

65 ★★☆
I'm proud of you.
アイムプらウダヴュー

たのもしいなあ。

使えそうで使えない。「よくやったね」と喜ぶときのセリフも **I'm proud of you.**

すごいぞ、よくやった、えらいぞ、その調子という場合、
アメリカ人は、**Atta boy.**（エラボーイと聞こえる）という。
（**That's the boy.** のこと）

女性の場合は、**Atta girl.**（エラガーロ）
敢闘賞は、**Attaboy Certificate**
（エラボーイ　スーティフィケッ(ト)）

66 ★★☆
The door's (always) open.
ドアゾウプン

いつでもお気楽に。

意外に、聞き落とす口語表現だ。

My door is always open. と3秒でいえば、ほとんどの日本人はフォローできる。それをドーゾープンと1秒に縮められると、日本人の呼吸が乱れてしまう。

67 ★★☆

You don't belong here.

ユウ　ドウン(ト)ビロング　ヒア

お呼びじゃない。

You're not welcome. でもいいが、あまり使われない。**belong** は役立つ。

One of these doesn't belong here. は、『セサミー・ストリート』という子供向けのテレビ番組でよく耳にする。一つだけヘンな形のものがある。お呼びじゃないものを指摘せよ、という意味だ。

自分を中心に考えても面白い。

「どうもこの職場は、自分とはしっくりこない（お呼びじゃない）」

I don't belong here (in this office).

68 ★★☆

Don't take it that way.

ドウント　テイケット　ゼットウエイ

そんなふうにとられては困る。

かなり感情がムキ出しになる。これが激しいやりとりに発展する。しかし、クールに話し合えば、誤解は解ける。

クールを通り越して、ホットになると、がまん（**Take it**）ができなくなる。

そんなとき、**I'm mad as hell. I'm not gonna take it any more.** （アイムメッドアズヘロ、アイムナットガナゲレットエニモア）

69 ★★☆ Hi. I'm home.

ハイ　アイムホウ(マ)

ただいま。

I'm home. では、あまり短すぎるので、Hi. をくっつけた。
home はエネルギーのある名詞だ。
「どこへ行くの」
「家へ帰るところだ」
Where to?
Home.
これだけでよい。
「家へ電話をしたの？」は Phone home?
Did you phone home? より短く、1秒以内に収まる。

70 ★☆☆

Glad you're home.

グレッジュア　ホウム

おかえり。

I'm glad you're home. はちと長過ぎて、水くさい。
「先生、ただいまは Hi. で、おかえりも Hi. でいいんじゃないでしょうか。映画で耳にしましたが」
Glad you asked that.
（よく聞いてくれたね）
もちろん、「おかえり」は、Welcome home. でもよい。少し堅苦しいが。

71 ★☆☆

I hate it here.

アイ　ヘイレット　ヒア

ここはきらいなの。

多くの人は、文法的に、I hate this place. を使う。
しかし、英語のリズムには it が入る。
I hate it here. と「この場所が気に入っている」は、
I love it here. となる。it を忘れないように。
it に関しては、『"it" がわかれば英語がわかる』（光文社）で詳述した。it と if がわかれば英語道の有段者（クロオビ）になるという力作（自分でいうのも気が引けるが）だから、併読願いたい。
「ここが気に入った」は、I like it here.
it のない人はシロオビ、it が入るとクロオビ――英語の達人。英語の名人になると、さらに if が自然に使えるようになる。

72 In or out?

エンノア　らウ(ト)

一緒にやるのか、やらないのか。

　日本語では長くなるが、英語ではAre you in or out? で済ませる。In or out と短くする。発声してみよう、エンノアらウ(ト)　エンノアらウ(ト)　エンノアらウ(ト)。

　アメリカ人の解答も早くなる。I'm in.〈アイメン〉か、I'm out.〈アイマウ(ト)〉。

　映画『ウディ・アレンの夢と犯罪』の中で、I'm out. とある男が言えば、もう一人も Me too.（オレも）と降りた。

　「降りるよ」は、I'll walk. 歩いて「去る」ことだから、I'm out. と同じ意味だ。

　「行かないで」は、Don't walk out.「私を置いて」は on me. この on は、「上に」ではなく、「私を残して」のことだ。

　Don't walk out on me.「私を見捨てないで」

　「私はこの企画に加わっている」は、I'm in on it. アイメンノネット。聴き取れない英語は、カタカナ英語で何度も舌に覚えさせてみよう。アイメンノネ、アイメンノネ、アイメンノネ。

　次に映画でこの表現を耳にしたときは、確実に聴き取れる。耳と口は連動しているのだ。「守」の段階は、考えずだまって英語のリズムに身体をゆだねることだ。

Coffee Break

　名古屋外国語大学時代の友人デゾニエ教授(なつかしい)は、tough love（愛のムチ）で恐れられ、生徒から畏れられた（He got respect.）。私の親友仲間だった。隣の教授室で生徒を叱っている。遅刻の常連者に対してであるから、いつもより大声であった。

Give me reasons. Don't give me excuses.
「電車に乗り遅れました」とか「目覚ましが聴こえませんでした」というのは、excuses なのだ。月謝が払えなくて毎晩徹夜のバイトをしているというなら、a reason になろうが、サムライ教授なら、それでも excuse として容赦しないだろう。

　かつて、松本亨英会話学校は tough love で知られていた。法事による欠席まで認めなかった。叔母が死んでも授業には出ろ。お前は生きているんだから、という。私が尊敬していた松本亨博士のお弟子さんだから、教育は厳しかった。

　ドタキャンがあたりまえの今とは違う。

73 Who has hearing problems?
ホウ　ハズ　ヒアうリング　プらブラムズ

英語が聴き取れない難聴者なんかいない。

あえて、修辞疑問（形式は疑問文だが、強意の反語的表現）を用いて、問題提起した。

日本人はヒアリングが弱いと聞いて、このヒアリングが英語の hearing と同じ意味だと勘違いしている人が多いからだ。日本人が英語のヒアリングが弱いというのは、listening のことで、ヒアリング問題とは listening (comprehension) problems のことなのだ。

listen は集中して聴く、hear は聞こえてくる、hard of hearing とは「難聴」のこと。この違いを英語で、しかも笑いをこめて聞かせるときは、おもしろい例文を用いる。

『Harper's Island』の中で、I lost my hearing, not mind.（耳は衰えたが、頭の方はシャンとしている）という気の利いたセリフを見つけた。

Ronald Regan has a hearing problem.（レーガン大統領は耳が遠い）But he has no listening problem.（しかし、英語は聴き取れる）その反面、あなたがたは、耳はいいが英語が聴き取れない。

On the other hand, you have no hearing problem, but you have a listening problem. 必ずウケる。こういう英語を交えてのユーモラスな講義は、菱研の TIME 大学か、NONES CHANNEL 番組「『TIME』を読む」でしか聞けない。

74 ★☆☆
Look who's here!
ロック　ホウーズ　ヒア

おやおや、誰かと思ったら。

映画『UP IN THE AIR』では、Hi, look who's here. が使われていた。Look は、相手の注目を惹くために、感情を込めるときに用いられる。

Look who's talking.（君〈あなた〉に言われたくないよ）のように。

久しぶりに会場に姿を現した旧友に対し、

Look who's here. は自然に口から出るあいさつ言葉だ。

美しく着飾っている相手に対して、

Hey, look at you.（見直したね）

この場合も、look から始まる。L 語は、とにかく目立つのだ。相手の気持ちを惹くときに、Listen.（いいかい）は、Look の代わりに使われることがある。「よく聞くんだ、耳の穴をほじくって」は、Listen up.（リスナッ）。とにかく、L は light up（軽く、明るく）させる。

東日本大震災の義援金キャンペーンが各地で行なわれている。

大阪ナンバの吉本花月でも派手なキャンペーンをしていた。

そこで、ばったり会ったら、Look who's here!「お前でもカネ出すんか」と言われたら、

「お前に言われたくないね」Look who's talking. か「いらんこと言うな」Shut up.

東北の被災者の人たち頑張ってください。

Hang in there!（ヘンゲンネア）

75 ★☆☆
Sorry I'm late.
ソーうリ　アイム　レイ(ト)

遅れてすみません。

I'm sorry that I am late. は3秒。
ムダを省くと、1秒となり、呼吸がラクになる。

人前で遅れてきた人は、人目を気にして、腰をかがめて、「すみません」と頭をかきながら前進する。この場合は、**Sorry.** か **Excuse me.** か。最初は、**Sorry.** そして、次に **Excuse me.**（前を失礼します）だ。

76 ★☆☆
Say you're sorry.
セイ　ユーアーソーリー

謝りなさい。

Apologize. では"カドが立つ"。スミマセンと一言述べるなら **say** を使った方が親切だ。言えそうで言えないので、この表現を4、5回口にしく言ってみよう。

ついでに、次の表現も1秒で…
Say you love me.
（好きだと口に出して、言って）

77 ★☆☆

I'll see you around.

アウ（ロ）　スィーユウ　ウらウン（ド）

じゃ、また（そのうちに）。

「じゃ」は大阪では「ほな（ら）」。日本人の使う「間」だ。around を入れたのは、「近くで」「そのうちに」という親近感を活かしたかったからだ。

　Stick around.（ぼくのそばから離れないで）の around だ。「今後ともよろしく」も、I'll see you around. で済ませてしまおう。外交辞令でなければの話だが。

78 ★☆☆

Leave it at that.

リーヴエットアットゼット

それぐらいにしておけ。

「それ」は、it でなく that。その言葉とはっきりしているから。
　1秒で決めるのは、カドが立つと思う人は、Just をくっつけること。

Just leave it at that.

　Just は強調するときにも使える。「言っておく、子供を産むのは二人にしておけ」は、**Just stop at two.** だ。

79 ★☆☆
No excuses.
ノウ　イクスクューゼス

言い訳はよせ。

　Stop giving me excuses. のこと。ヘタな言い訳は、a lame excuse。lame とは、びっこの（足の悪い）という意味で、議論、説明、弁解が不十分で、つじつまの合わないことを表わす。

80 ★☆☆
Tough luck.
タフ　ラック

お気の毒に。

　親友が自殺した。友人がホームレスの道を選んだ。信じていた人間に裏切られた。詐欺師にやられた。最近、こんな悲しい話が多い。
　だまされる人間も悪いとは知っていても、ここで説教しない方がいい。
　だから、Tough luck. と突き放すのも tough love.
I'm losing (my) English these days.
（最近、英語が思い出せないんだ）
Tough luck. 気の毒に（お前が悪いんじゃないか）。
soft love なら、「気にしなくてもいいよ」
Take it easy. かもっと短く Easy, easy.

81 ★☆☆
For now.
フォー　ナウ

とりあえず。

　「とりあえず乾杯」と友人が挨拶をする。そのとき、ちょっと間をとって、「松本先生、〈とりあえず〉はどう訳せばいいんですかね」と大衆の前で質問をする。ハッとわれに返った。ブースの中で同時通訳していた頃の緊張感が戻った。とっさに答がでない。「やはり、**with your permission** しかないな」と答えるまでかなり時間がかかり、プロとしての面目を失った。こういうときに後で妙訳が生まれる。

　よく使われるのは、**for now** だ。別に他にプランがあるわけでなく、その場を糊塗する（**situation management** という）ために、「つなぎとして」の乾杯だから、聴衆の許可を求める必要もない。だから、**for now**。

　もっといいのが、**If I may**（おじゃましますが）だろう。

　if はクロオビ英語だ。

　『**if** 思考』が、力作のわりに売れなかった。読者は **if** に畏怖を感じたのであろう。学校の英文法でも **if**（仮定法）は、高校からという学校が多い。小学校から **if** 思考を身につけていないと、間に合わない。

　国際的映画俳優の渡辺謙も、ネイティブから **What would you** 〜というインタビューを受けて、**I like to** 〜と日本語英語で返していた。**I like to** を **I'd like to** 〜とならぬものか。

82 ★☆☆

Just do it.

ジャス(ト) ドゥー イット

つべこべ言わずに、やりなさい。

ちょっと練習。「つべこべ言わずに、下積みから始めるんだ」
Just start at the bottom.

ついでに、この「ジュス(ト) スターラッ(ト) ざバラム」を10回音読してみよう。「くり返す」ことは、ナポレオン・ヒルによれば、成功の秘訣（**Repetition Principle**）なのだ。口からすぐに出せる状態に保っておくには、音読を habit（習慣）にすることだ。

83 ★☆☆

Get well.

ゲット ウェ(ロ)

元気になってね。

How are you? と聞かれたら、I'm well.（元気よ）でよい。
Good, stay well.（元気のままでいてね）を加えるとベター。
FOX ニュースの間にこんなコマーシャルが。

Be well. And stay well.

Sleep well. クロオビなら Sweet dreams. とちょっとひねる。相手もクロオビなら、You too. と。

「泣きなさい、笑いなさい」は、**Cry well. Laugh well.** となろうか。

84 ★☆☆

Just (the) two of us.
ジャスト トゥーオヴアス

（二人だけ）水入らずで。

　三人の場合は、**Just three of us.** 一人でも二人でも三人でも一つの単位ができると、**alone** でくくれる。

　alone は一人ではない。だれからも邪魔されない空間だ、と数学（集合論）的に考えてみよう。

　We want to travel alone.
（私と家族で水入らずの旅をしたいんだ）

　学生の頃、私はさかんに外人ハントをした。相手や **TPO** を問わずに。英会話を学ぶためという大義名分があったが、外国人家族にとって迷惑だったかも。見知らぬ日本人に話しかけられ、気が抜けなかったに違いない。

　しばらく、子供たちと英会話をしていたが、たまりかねた主人が、私という **invader of privacy** に抗議した。

　We want to travel alone.（悪いけど、我々だけで旅をしたいのだ）と。この表現は決して忘れない。

　alone は一人ではなく、一つの集団が独りで、という意味だ。

　We want to talk to him alone. といえば、

「悪いがみなさん席を外してくれないか。彼と二人だけで話をしたいのだ」

　という人払い（**Excuse us.**）の依頼だと考えるべきだ。

85 ★☆☆
Tell'im you love'im.

テリム　ユウラヴィム

愛しているとあの人に告白しなさい。

1秒以内の英語にまとめるには工夫がいる。**tell him** をテリム、**love him** をラヴィムと縮めることだ。映画はこのリズムだ。

問題は、告白だ。ボキャビル愛好家は、**confess** であることぐらい誰でも知ってらい、と即答する。

しかし、ボキャが邪魔になることがある。意味論で言葉のウラを読もう。

罪の告白（**confess a sin**）ならわかるが、愛の告白は罪なことだろうか。恋する人は罪人や犯罪人ではない。だから、**tell** でよいのだ。、

真実（愛しているという）をつつみ隠さず述べるのは **tell**。テルというより、テロ。**L** という子音で止めるには、ルうの「う」という母音がじゃまになる。舌の先を上の歯ぐきの裏にペタッとくっつけよ。

「みんなの前で彼女が好きだと告白しろ」は、

Tell'em you love'er. テレ(ム)ユウラヴァーどうしても口を割らない人は、警察の尋問並みに、「ドロを吐け」**Come clean.**

86 Win and run.

ウインナン(ド) らン

勝ち逃げろ。

「ひき逃げ」は hit and run。
だから、「勝ち逃げ」win and run は、なんとなくわかる。
Quit while you're ahead.（勝っているあいだにやめよ）もよく使われる。Win and run. も同じ。ところで、
Love and run. をどう訳す。
だれか教えて欲しい。

87 ★☆☆
Nothing like home.
ナセン(グ) ライ(ク) ホウ(マ)

住めば都。

　There is no place like home. でよいが、1秒を超えてしまう。だから、Nothing like home.

　Home, sweet home. という詩的表現もあるが、私はそういう常套句は好まない。ただ sweet の s を重ねると、普遍性が増す。

　「成功の味が忘れられない」を、Sweet smell of success（映画のタイトル）と s を重ねると、死なない。

　さて、私なら「住めば都」を Grows on me.（住みなれてきた）と訳す。

　荒れ放題の土地であっても、住んでいると気にならなくなる。It grows on me. 君もそう思うだろう。住めば都っていうからな。そこまで相手を巻き込むなら、me を you に変える。Grows on you. と。

　美人は三日経てば飽きる（Beauty bores me in three days.）が、不美人（ブス）は、三日経てば慣れる、という。

　この「慣れる」をどう訳したらいいのだろうか。

Ugliness grows on me.

　松本英語に慣れるには、どうすればいいのですか。

　私はこう答える。

Only three words.

　ここで「間」を取る。

Read - my - books.

88 ★☆☆

Depends.
ディペンズ

ケーズバイケース。

on a case-by-case basis という言葉はたしかにある。しかし、That's case-by-case. ではわからない。日本人のケーズバイは「事と次第によっては」という意味で使われるので、It depends. になる。On what? と聞く人がいたら、On the mood I'm in.（そのときの気分次第さ）と答えよう。こんな不確かな気持ちも、日本ではケーズバイケースで表わせる。

変わらない事例（case）というより、「流れ」や TPO が優先する。stock より flow を重視するのが日本の文化だ。TV シリーズ『Heros』の中でこんな表現があった。

Depends. On him. （彼次第だ）
1/2 秒か 2 回で 1 秒の長さだ。

89 ★☆☆

This is the receptionist.
ゼス　エズ　ざれセプショニス(ト)

はい、フロントです。

I'll meet you at the front. といって、外国人の相手が現れなかった。なんと、玄関の前（in front of the hotel gate）で待っていたという。

朝のバイキング（breakfast special, breakfast buffet）のスープにハエが入っていたら（こんなことはまずないが）、大変なハプニング（a situation）が予想される。しかし大阪人は驚かない。「それサービスや」と。This (the fly) is on the house.

90 ★☆☆
Funny? Why?

ファニ　ホワイ

ちょっとおかしい？　どこが？

考えがどうも腑に落ちないという場合、**Funny** が使われる。決して「おもしろい」という意味だけではない。

「どこがおかしい」という場合、英語では **Where?** ではなく **Why? Why** がすぐに口に出れば、「英語で考えている」といえる。

「最近、彼女にあった？」
「会ったけど」
この「会ったけど」を英訳すれば、
Yes. Why? となる。

91 ★☆☆
Just take it easy.

ジャスト　テイケリーズィー

ま、落ち着いて。

この「ま」を英語に活かすときに、私は **just** を用いる。
「まあー、そのうー」を同時通訳するなら、I just……
あとは、発音者の言葉を待てばいい。たぶん、次の言葉はないだろう。それでもよい。I just……．映画でもよくに耳にする。ネイティブ英語の「間」を巧みな日本語で解説できる教育者の一人に、**NHK** のマーシャ・クラッカワーがいる。

「間」がわかるバイリンガル・インストラクターで、インタビューも巧く、上級英語を教える稀有な存在だ。

92 ★☆☆

Way cool.
ウェイ　ク(コ)ー(ロ)

めっちゃかっこいい。

　形容詞の前に way をつけると、「もっともっと」「ずーっと」とオーバーに表現できる。way out there「ずーっとあちら」、way down there「ずーっと、下の方」。

　Bugs are way smarter than us.
　(昆虫はわれわれよりも、ずっと利口なんだ)

　ところで、この cool、よく映画に出る表現だが、カタカナのクールではない。子音のLは舌で止めるので、ルぅではなく、ラに近いル。母音のウを抜けば L 。

　だから日本人の耳には、クー(ロ)、いやコー(ロ)、としか聴こえない。正しく耳に入らなければ cool の発音ができない。

　Way cool. の代わりに Awsome. なんかどうだろう。それとも、形容詞を3回繰り返すか。Up, up, up. Down, down, down. というように。

93 ★☆☆
I come from Japan.
アイカム　フラムジュペン(ヌ)

出身地は日本です。

出身は、come from Japan。

浅草から来ましたは came from Asakusa。

この程度は、だれでも知っているが、ほとんどの学習者ができないのが、Japan の発音だ。カタカナで覚えよう。

少しヌが聞こえるなら英語のプロ。プロレスなら、East Corner, Matsumoto Michihiro　フラーム　ジュペェーン———ンヌと、はっきり「ヌ」と発音する。Japanese となると、ジュプニー(ザ)となる。

日本語は、母音に始まり母音に終わる。いや多くの島国は、子音に弱い。中国、韓国は子音に強いから、英語は学びやすい。日本語は、母音構造もシンプルだから、外国人にとり学びやすい。少し日本に滞在すれば、どんな外国人でもあっという間に日本語会話ができる。

聴き取り訓練のために、ちょっと発音の練習をしてみよう。

ジャワの人は、Javanese ジャヴニーズ。

このようにネイティブに発音をされるとほとんどの日本人は、日本人のことだと錯覚するだろう。

p と v の発音が、あまりにもよく似ているからだ。日本のプをヴに変えればよい。発音を馬鹿にしてはならない。

94 ★☆☆

This will kill you.
じス ウィル キリュー

これはあなたにぴったりの仕事だ。

This is a killer job for you.
これでは3秒を越える。耳にする英語表現は1秒以内。

映画『Sex and City』の中では、**This will kill you.** であった。はまり役（You're right for the part.）が kill と結びつくとは。**That's a killer.**

a killer smile、**a killer joke**。英語も乱れてきたのかな。

傾城(けいせい)とは、城や国を滅ぼす美女（デンジャラス・ビューティー）のことだが、こういう美人はいつ **a killer** に化けてもおかしくない。

95 ★☆☆

Enjoy your company.
エンジョイ ユア カンプニ

お二人でごゆっくりと。

Take your time. では味気がない。ぴったりの表現が **Enjoy your company.** だ。**Enjoy her.** だけでもいい。使えそうで使えない表現だ。

彼女があまりお気に召さないようだったら、**Keep her company.** でもよい。二人でのんびりしている状態を保つことが **keep company** だ。カンパニーだから、会社と考えてはならない。

「お連れさんもお見えになりますか」は、
Are you expecting company? だ。

96 Is this for real?

イズゼスフォーうりア(口)

それ、マジ(本気)？

「マジ」とは、ジョークではなく、本気という意味だから、決してゲーム感覚ではないことだ。**playing games** は、社交ゲームだから、勝っても負けてもお互い、うらみっこなし（**Nothing is personal.**）となるし、**play for real** は真剣勝負だから、あとでシコリが残りやすい。

だから、**for real** となると、お互いに構えてしまう。笑いが消えてしまう。

日本のテレビは、教育番組でも「お笑い」になってしまう。この調子で、アメリカ人の運転手をからかっていた日本人がいた。

あるとき、日本人同士があまりゲラゲラ笑うものだから、その運転手が、無表情で、**Are you serious?** と（マジで言っているのか）と聞いたという（マジの中にはスイリアスという意味もある）。

そのアメリカ人は、『**Heros**』という **TV** シリーズを観ていなかったのか、日本にはコメディアンが多いことを知らなかった。

英語の勉強もマジで（**seriously**）やる人がなくなったから、テレビ番組も大衆化、そして幼稚化していくようだ。

私の好みの **TV** 番組は、やり直しの利かない一番勝負の番組だ。ヤラセ（**set-up**）は性に合わない。**NONES CHANNEL (Internet TV)** は、恥をかくつもりで―自己責任で出演しているから、やり甲斐がある。**Because I can play for real.**

97 ★☆☆

What're you thinking?

ワラユー　センキン(グ)

いったい何を考えているの。

あとに about は要らない。thinking で止めるのは、思考そのものを問い、そして疑っているからだ。
相手の具体的な思考やアイデアを問うなら、
What's on your mind?
呆れてものが言えない状態なら、
What's gotten into you?
ぐらいがいいかな。これらは星数は★★ぐらいになる。

98 ★☆☆

I like it here.

アイライケッヒア

ここが好き。

it が入るか入らないかで、その人の力量がわかる。
簡単な練習をしよう。
「熱いのが好き」
I like it hot.
「お酒は温めのカンがいい」
Sake, I like it nice and warm.

99 ★☆☆
Give yourself ten minutes.
ギヴユアセオフォ　テンメネッツ

10分ぐらいみておいたら。

「ここから空港までどれくらいで」と聞くと、こんな1秒英語が返ってくる。「10分ってところじゃないかな」

You might as well give yourself ten minutes.

ロサンゼルスの通行人から聞いた英語。もし、運転手に聞けば、Give me ten minutes.（10分で、そこまであなたをお届けしますよ）となる。

このように、ネイティブは give と get を自然に使っている。Wait for me another ten minutes. というより、Give me another ten minutes. がより英語らしい。

100 ★☆☆

Don't go to any trouble.

ドウン(ト)　ゴウトウー　エニーチュラボ

どうぞお構いなく。

「よく気を配る人」のことを **thoughtful people / caring people** という。

「思いやりある人」は、**caring persons**。気配りしてもらったときは、**Thank you. How thoughtful of you!**

気を使いすぎる人に対しては、**Don't mind about me. Don't bother.** とも言う。

I'll take care of myself. というぐらいの気配りも必要だ。

101 ★☆☆

I'm busy.

アイム　ベズィー

時間がない。

I have no time. という人がいる。通じるが、あまりロジカルではない。時間はあるのだ。ないと思うのは、「多忙ゆえ」である。

だから、アイムビジー。

いや、正しい発言は、アイムベズィーだ。このカタカナを5、6回音読してみよう。

ついでに、**business** も。ビジネス？　違う。ベズネス。これも5回、ベズネス、ベズネス、ベズネス。

102 ★☆☆
No. Wish I could.

ノウ　ウイシャイクットー

さあ、そりゃむずかしい。

通常、Well, that's difficult. と日本人は答える。

No. を使いたくないときのボカシの術だ。しかし、デイフィカルトでは通じない。ネイティブはノウといわれるまで、イエスなのだ。

「むずかしいけどやってくれる」と取る。私はまず No で始まるホンネ英語で応じる。そして、Wish I could.（できればいいのですが）と、言葉をやわらげる。すべて1秒英語。

103 ★☆☆
I just know.

アイ　ジャスト　ノウ

カンでわかるんだ。

過去のことなら、I just knew it. 「なんとなくわかった」
「やっぱり、そうだったんだ」となる。just が入ると、ビッグワードは要らなくなる。カンや直感は intuition、予知力は precognition だが、just know の方がパンチが利く。映画の英語がわかりやすくなる。Just believe me.

Just let it go.（そのことは水に流して）
ジュス　レレッゴウ。数回音読しよう。

104 ★☆☆

Costs you a lot of money.

コスチュー　アララマネ

（英語の勉強は）ゼニがかかるんや。

　会社のカネではなく、自分のカネだからゼニだ。切ったら血の出るマネーだ。私にとり一番ぜいたくな勉強法は、イギリスのホテルから高給で高級なガイドを雇い、一日中イギリスの郊外をドライヴしながら、イギリス英語で語り合うことだ。血塗られた英国史、シャーロック・ホームズ、切り裂きジャック、大学でのディベート教育、シェークスピア、そして、格調の高いイギリス英語。

It cost me a lot of money.

　cost と過去形を使った。今は、それほど金銭的余裕がない。だから、安宿で **DVD** を観て英米両英語を追う。英語道とは英語とのくされ縁のことだ。

English and I are stuck with each other.

　どこまでも英語を追う。こんな斬れる英語がある。

You can run, but you can't hide.

　イギリス英語なら、ユウカーントだ。

　ユーキャントハイドか。まるでミナミの帝王だな。高利貸しの萬田銀次郎は、「借りたものは返すのがあたりまえ。地球の裏まで取り立てるんや」という哲学の持ち主だから、考え方も英語道に似てシビアだ。「追う者も追われる者も一皮めくったら同じや」と。英語道とは、朝から晩まで英語に耽ることではない。そうなれば、英語術だ。英語から離れて人生体験をすることだ。私は、ナニワ金融道（**The Way of Finance**）から英語道を学ぶ。**The Way of Money**（ゼニ道）は、英語道とよく似ている。**You can't run away from it, like it or not.**

105 ★☆☆
Watch and learn.
ウワッチ　エンドラーン(ヌ)

門前の小僧、習わぬ経を読むっていうからね。

見て学ぶというのは、そのまま watch and learn だ。
これは決まり文句。私にも同時通訳の師がいた。
故西山千師匠の同時通訳をブースの隣で学んだ。

listen and learn なのに、なぜ自らを門前の小僧と位置づけたいのだろうか。私は師の同時通訳の技術だけを学んだのではない。プロの在り方を、側で学んだのだ。同じ釜の飯を食うというよりも、ブースから離れても二人の空間の時間が多く、つまり、師から離れずに、じっと眺めていた。watch とは目を離さないことだ。師は弟子の私を watch するのではなく、真剣に watch over（見守ること）してくれていたとわかったのは、死去されてからのことだ。

私はまさに門前の小僧として、同時通訳というお経を覚えていたのだ。英語の学習を「芸事」と考えれば、尊敬する人に弟子入りして芸を盗むことだろう。見習いだ。

Watch and learn.（ウワッチエンドラーンヌ）

3回音読しよう。w の前は"ウ"と入れよう。ウワッチ。そしてラーンのあとの n は、"ヌ"としっかり発音しよう。あと3回。

106 ★☆☆

If you'll excuse me.
イフユウ　イクスキューズミー

僭越ながら。

with your permission は、国際会議などで、同時通訳者が使う表現だが、通常 if を勧めたい。
「じゃ　とりあえず」は、if you want (to).
「あなたのこと誤解しちゃって、ごめんなさい」
Sorry if I was wrong about you.
if を使って 1 秒英語。

107 ★☆☆

You don't fool me.
ユウ　ドウントフールミー

私はだまされない。

I will not be fooled. という受身形を能動態に変えればよい。You don't fool me. でも Nobody fools me. でもよい。ちょっと発想転換の復習をしてみよう。
「(あの人に) ばれているよ」　He knows.
「私ははめられた」　They set me up.
英語らしさとは、自動詞より他動詞を多く使うことだ。

108 ★☆☆
Bring it on.
ブリンゲロン

かかってこい。

二十歳そこそこの私は、松山のバーでヤクザと英語でわたりあった。私の前に日本酒をこぼし、私を怒らせようとしたヤクザが、私から去ろうとしたとき、彼の背後から、大声でどなった。

「ヤクザー、Bring him back here. I'm gonna punch him right in the nose.」

どちらも背広を脱いで、あわや乱闘が始まろうとしたとき、3人のうち1人のヤクザが、「こいつホンマにガイジンや」と、あっさり認めた。隣で通訳してくれた塩入君（関西学院ESS副部長）が「あのときの松本の英語は、まさに、ガイジンやった」とよく笑いながら語る。

しかし、ふり返ってみると、発言と発声は別として、使った英語そのものはまだ未熟だった。

Bring him back here……よりも Bring it on. を使うべきだった。もう一つ。ヤクザーと大声でわめいたことだ。正しい発音は、ユクウーザーであった。こんなことでウケにいっている間は、メディアへのカムバックは無理か。

でも言い続ける。Bring it on!（オレは逃げないぞ）と。

109 ★☆☆

Live up to your name.
リヴアップトウユアネイム

名前負けしないように。

「〜しないように」
「〜にだまされないように」
「女（嫁）にふられないように」
と、「ないように」節が好きな国民だ。英語的発想にジャンプしよう。**Live up to your name.** がいいだろう。
ちょっとカッコをつけると、**Do justice to your name.** となる。しかし、名前に言霊を託すという伝統を知らない外国人にはピンとこないだろうな。

110 ★☆☆

Joking.
ジョウキン（グ）

うそやがな。

大阪人のジョークはきわどい。のろけられて、**I'm jealous.** ぐらいならよいが、**Let's change wives some day.** といえばドギツくなる。もし相手の顔が蒼ざめたら「うそやがな」と、いって笑いにかえる。これが、**Joking**。決して、**I'm lying.** なんていわないことだ。
このスピードの速さは、やはり大阪人。笑いは攻撃。そこにリスクがある。そのリスクを楽しむのが大阪の芸人。

111 ★☆☆
He just won't give up.
ヒージャス(ト) ウオン(ト)ギヴアップ

彼はどんなことがあっても、意地を貫く。

「どんなことがあっても」は、just を加えるだけでよい。
「あきらめる」は、not give up または、stick it out。
will には、意思が含まれる。won't (will not) を使ってみよう。
彼はルールを無視しても、つき進む。どう考えてもマイペースなのだ。He just plays his game.「どう考えても」も just。

Just don't play his game.
（やつのペースに巻き込まれるな）

112 ★☆☆

Watch your mouth.

ワッチユア　マウす

口は災いのもと。

「口から出る言葉に気をつけろ」の意。
「気をつけよ」はすべて watch。
Watch your step.　足元に気をつけろ
Watch your head.　頭上注意
Watch your back.　背中にも眼を
Watch your waistline.　肥り過ぎぬように
　　　　　　　　　　（腰回りに気をつけよ）
Watch your hemline.
（スカート、ドレスの）裾の長さに気をつけなさい。

113 ★☆☆

I'm listening.

アイムリスヌング

（話を）続けてくれ。

　Continue とか、Carry on. といえば、かなり命令口調になるので勧められない。西洋人、とくにアメリカ人は沈黙を嫌う。言葉と言葉の「間」の重要性が理解できないようだ。少し、沈黙が長くなると、Am I boring you? と聞かれる。傷ついたことがあった。黙っていても、じっとコミュニケーションに参加していいのだから。最近は相手が間をとったとき、I'm listening.（話を続けて下さい）と言う。
　アメリカ人好みの表現だ。

114 ★☆☆

Play it nice.
プレイエットナイス

品格がないね、君ィ。

　品格という言葉が大流行している。しかし、その言葉の実体がまだわからない。なんとなく——感覚的に——わかるのだ。

　『大辞泉』で「品格」を引くと、その人やその物に感じられる気高さや上品さ、品位「—が備わる」。こんなふうに使われているのだろうか。引退したモンゴルの横綱、朝青龍は品格のないことで、日本のメディアで叩かれた。強いだけが横綱ではない、と。元横綱の輪島が、「関取の品格は土俵の上だけにとどめておけ」という。

　しかし、土俵でのガッツポーズはどうだろう。相手をにらみ殺そうとする、あの態度。こんなとき、ネイティブなら、**Play it nice.** というだろう。ジャパン・タイムズ紙でこの訳を見つけたときは、なるほどネイティブ感覚だなと思った。日本人は「国家の品格」の品格を **dignity** と訳した。**nobility** の方がベターだと思うのだが、ある知人のジャーナリストは、**character** と訳した。

　「あの人は品格がない」という場合、**He lacks class.** とか **He has no style.**　もっと簡単に、**He lacks manners.** で済ませる場合もある。プロの国際通訳者は、状況によって英語を使い分ける。無難なのは、やはり **play it nice** ぐらいか。**play** は遊びではない。**social game**（社交）での **grace**（優雅さ）や **nobility**（貴族性）を発揮するのも品格のうちだ。白洲次郎なら **Noblesse oblige** を使うだろう。**Yes, those of a high social class should help and do things for other people.** と中国人なら——古典に強い中国人に限定して——「君子」の品格論を持ち出すだろう。「利」より「義」を求める君子の道を。

115 ★☆☆

I'm your mom, ain't I?
アイムユアマム　エインアイ

あんたのママでしょう。

　amの付加疑問文は、amn't Iではない。これじゃ息がつまりそうになるから、ain't I?（エインタイ）といこう。tは発音しなくてもいい。エインアイで十分。

　やはり、英会話は息なんだ。文法も呼吸原則に支配されているんだ。読者がそうつぶやけば、私はニッコリ笑って「ようやくわかってきたね」You're coming around, aren't you? と言いたい。アーンチューで、アーン・ユウでもよい。自分が呼吸しやすい方を選んでいただいて結構。

I'm beautiful, ain't I?

116 ★☆☆
She sucks.
シー　サックス

彼女はきもい(最低)。

「気味が悪い」をキモイと表現する若者言語が広がっている。語感的に近いのが suck という動詞だ。

God sucks. Religion sucks. You suck. と suck という言葉が乱発されている。訳はほとんどの場合、サイテーと出ている。友人のジャーナリスト、ボイエ・デメンテと愛についてよく語る。

Money sucks and love sucks, too. と私が言うと、彼は腹をかかえて笑い出した。サイテーという言葉でそんなに可笑しいのか。他のネイティブの間でも大ウケする。なぜか、どこか温度差がある。

そこで私は、s 語をさぐった。すべて Satanic（悪魔的）なのである。Money stinks. Money smells. Money sucks.

suck は吸う、「クリニングス」「うまく話に乗せる」（sucker）「へつらう」「ごますり（suck up to）」——ロクな意味がない。

表が「吸う」「飲む」。そして裏が「しゃぶる」から、どんどん卑猥な意味が出てくる。

心がめいってくる。a sinking feeling といってもいい。精気が吸われて、闇の世界へ吸い込まれていくようだ。そんな女がいたら、「きもい女」と表現したくなる。weird でもいいが、もっと口語的に言ってみよう。

She sucks.

117 Not sorry enough.

ナッ（ト）ソーリーイナフ

反省の色が足りないって。

　連続テレビ『スーパーナチュラル』でこんな表現に出会った。You're not sorry enough.「その謝り方はなんだ」という場合、どう訳せばいいのか迷っていたからうれしかった。

　スミマセンを枕詞に用いる日本人の a game of apology を英訳することはむずかしい。「本人も謝っているんだから」と、叱り続ける人を悪者にする空気（ethos）が日本人にはある。

　ではスミマセンとは何か。「責任をとります」ではなくて、「許してください」という意味なのか。

　日本で活動する弁護士とニューヨークで話をした。日本でうまくやっていくには、まず I'm sorry. と謝ることだ――たとえ無罪であることがわかっていても。もし謝らず断固主張し正論を通せばどうなる。「反省の色が足りない」He's not sorry enough. といって、罪が重くなる。

　そんな時、Sorry. と切り出して、少し間をとって、I'm deeply sorry. と答えればよい。周囲も、He's sincerely sorry. と弁護してくれる。それも空涙なら He's crying (weeping) crocodile tears. と、かえって信頼を失ってしまうだろう。

　crocodile tears とは、insincere(forced) tears のことだ。こういう emotional manipulations は、男性より涙で逆転勝利に持ち込むのが得意な女性の方が巧いのでは――私の限られた経験から。

118 ★☆☆
A little tighter, please
アリロ　タイラー　ポリーザ

これ(ブレスレット)ちょっとゆるいんですが。

英会話の入門級の人は、日本語をそのまま直訳する。

A bit loose. といえば、相手のアメリカ人の店員は、それが結論だと考え、もっとゆるめてしまう。正しい英訳はその反対。だからもっときつく(タイト)して下さいだ。

「このコーヒー冷たい」は、**Cold.** ではなく、**Make it hot.**
「うるさい」**Noisy.** でなく、**Silence.** だ。

英語の問題ではなく、ロジックの問題だ。結論が先にくるのだ。

「さあ、むずかしいね」は、**Difficult.** じゃなく、**No. (Sorry I can't)** だ。

119 ★☆☆
Probably.
プロバボリー

(起こることは)ほぼ間違いない。

少し逃げ道がある。「起こらないだろう、と言ってしまえば、ウソになる」という裏のメッセージもある。

I'd be dishonest if I said nothing would happen.

これが英文法に忠実な訳であろう。

これを1秒以内にまとめると、**Probably.** となる。

Probable は、確率論で言えば 80 パーセントというところか。**very probable** であっても 90 パーセント。残りの 10 パーセントは「ハズレ」である。だから、「絶対ない」とはいえない。

120 ★☆☆

Possibly.
ポスィブリー

起こってもおかしくない。

probable の反対が possible である。

人により、辞書により、解釈は若干違うが、possible は、20パーセント以下と考えてよい。「ほぼない」だからといって、絶対ないとはいえない。つまり、「ありうる」である。

「あのおしどり夫婦が、果たして離婚するだろうか」

Not probable. But possible.

まずありえない。しかし絶対ないとはいえない。こんなとき、日本人は「さーあ」と溜息まじりの解答をする。

私は英語はロジカルで、より科学的だと思っている。だから、日本語のぼかしを嫌う。次にこの島に帰ってこられる可能性は（**What are the chances of your coming back to this island?**）と問われれば、**Eighty percent.** か **Twenty percent.** と答えることにしている。probable や possible にまどわされることはない。科学は明白だ。絶対帰ってくるなら 120 パーセント。まず帰ってこないなら、**small chance** か **fat chance**。どちらも同じ意味。

「日本がナンバーワンになっても、おかしくない」

It would not be surprising, if Japan became No.1.

これが、エズラ・ボーゲル教授の『**Japan As No.1**』の正体。

仮定法（**if**）にうとい日本人は、「日本がナンバーワンなのだ」と早合点して、はしゃいだ。

121 ★☆☆
I just can't help it.
アイ　ジャスト　ヘオペッ(ト)

このやむにやまれない気持ち。

「わかってくれ」「わかるだろう」と同意を求めるなら、You know what I mean. をくっつけることだ。どちらも1秒以内で言える。

もっと積極的に、「意地でもやらねばならない」を加えるなら、I just have to. have to に just をくっつけると「意地」になる。この意地は中国語にもない。

面目を失いたくないという failure fear（失敗より体面を失うことを怖れる気持ち）ゆえに、ときには不合理な行動に走る。反骨精神（rebel spirit）が旺盛な私にもそういう意地っぱりなところがある。

122 ★☆☆

Get the (total) picture.
ゲッ(ト)ざ （トート） ペクチュア

きみは大局を見ていない。

大局を見るは、**the big (large) picture** のこと。
the が大切。**a** であれば「写真を撮る」（**get a picture**）に変わってしまう。高所からみるなら、**get (gain) perspective** になる。
「話を元にもどし、整理しましょう」というときは、
Let's put (get) the whole thing into perspective. となる。
「木を見て森を見ていないね」は、
You're missing the forest for the trees.
そんなことが授業で語れる人は、大学にはいないが、私塾にはいる。**big-picture guys** が。

123 ★☆☆

Yeah, that's me.
ヤー　ゼッツミー

うーむ、身につまされる。

「うーむ」は、**Yeah,** でいい。
問題は、「身につまされる」という表現だ。これは、話題の人物と自分との状況が余りにも近いとき、感情移入してしまう状態。
I can relate to her (him). ではまだぬるい。
「まさに、私のことよ」といった方が感情がストレートに伝わる。われわれと複数になった場合は、**That's US.** となる。

124 ★☆☆

Go back the way you came.

ゴウベックざウエイユウケイム

来た道を戻りなさい。

言えそうでいえない。しかも1秒でとなると、多くの日本人は舌がもつれてしまう。

最近の若者は、英語の音に耳が慣れているから、「今はそうじゃない」と反論する人がいるかもしれない。

「今は違う」は1秒で、That's not the way it is.

「昔はそうだった」は、That's the way it was.

125 ★☆☆

Excuse us.

イクスキューザス

すみません、ちょっと道を空けて下さい。

エクスキューズミーまでは知っている。しかし、エレベーターに乗っている仲間は他にも数人いる。me ではなく us だ。Excuse me. とひとりだけ、抜け駆けすることは許されない。

イクスキューザスも、とっさに口から出るように日頃から練習しておこう。

ちょっと、席を詰めて下さい（空けて下さい）なら、

Give me room.

room の前に、冠詞はいらない。

第1章 「守」の巻 構えよ　Ready!

Coffee Break

　沖縄で中学生の息子と国際通りを歩いていた。おもしろそうな海鮮料理店があった。

　しかし、店の前には、3、4人のアメリカ兵がたむろしていた。その時、私はキューザスと1/2秒の英語を使った。アメリカ人はびっくりして飛び退いた。

　驚いた息子は、お父さん何ていったの、と聞く。

　いや、Excuse us の ex をとって、Cusus と言ったまでだ。ヤクザだと思われたのかもしれない。

　短すぎた、いや斬れすぎた。Please make room for the two of us. か、Please, excuse us. とでも言えばよかった。なぜ米兵が驚いたのか。

　Cusus（どかんかい、われ！）と東洋人から怒鳴られて、怯えたのであろう。

　話は変わるが、ときどき私は考える。なぜネイティブが私に口論（けんか）を吹っかけてくるのか、ネイティブは日本人には、笑顔で接するはずなのに。

　それは、私がアメリカ生まれの日系日本人だと勘違いされているから、かもしれない。

　そう考えると、すさんだ気持ちもなごんでくる。

126 ★☆☆
She's pretty inside.
シーズ プリリー インサイド

彼女は性格美人だ。

She's beautiful on the inside. という英語をアメリカの連続ドラマで耳にした。ある日、She's pretty inside. という英語を耳にした。これだ。これなら1秒で言えると思った。Because she's pretty doesn't mean she's pretty inside. 3秒かかる。

しかし、こんな表現がナチュラル・イングリッシュの呼吸で使えば、もう英語の達人。それをジョークで、しかも3秒以内で返せれば、英語の名人。ここで英語の名人技を一つ。

Because she's ugly doesn't mean she isn't inside.
これを耳にしてすぐに笑えればネイティブ英語の名人。
ボロを着ていても、心は闇だ。大阪ではウケル。

127 ★☆☆

Get in shape.

ゲレン　シェイプ

シェープアップしろよ。

shape up は「しゃんとする」「しっかりする」こと。
Shape up or ship out。「シャキッとしないと、出ていってもらうよ」という意味でよく使われる。

日本人の使うカタカナ英語をそのまま使うと恥をかくので、正しい英語に変換するコツを教えたい。アップは一応 **improve** で済ませよう。

日本語のスリムアップは、正しい英語では、**slim down** だが、使いにくいので、**improve one's slimness** と使ってみることだ。ちょっと慣れればよい。

Takes some getting used to do.
デカプリオが映画『**Blood Diamond**』で使っていた。

128 ★☆☆

Your fly is open.

ユア　フライズ　オウプン(ヌ)

社会の窓が開いているよ。

ユアソーシャルウインドウでは通じない。
女性に向かって、「あなたのシュミーズが出ていますよ」は、**Your slip is showing.** こういった、決まり言葉のほとんどが **1 秒**以内になっている。数回、音読すればすぐに使える。あまり使う機会もないと思うが…

129 ★☆☆
Trust me.

チウらス(ト) ミー

信じてくれ。

多くの日本人は、believe と trust を混同する。

believe は、相手の人間じゃなく、使われた言葉に限定され、trust は、言葉を使う人間にフォーカスが移る。

だから、信頼は trust と覚えておこう。

「ぼくは海外へ行かずに英語をモノにした。信じてくれ」は、Believe me. だ。

「ぼくのように英語をやればだれでもできる。信じてくれ」は、Trust me. だ。未来を強調するなら、trust。

130 ★☆☆

I'll make it right for you.

アウ(ロ)メイケッ(ト)らイ(ト)フォーユウ

つぐなってあげる。

　キリスト教の宗教者は、いくら日本語がたどたどしくても、「あがない（つぐない）」という難解な日本語だけは確実に覚える。イエス・キリストが The Redeemer（あがない主）だと信じているからだ。

　「贖い」とは「つぐない」と同意なので、**atone for (one's sins)** とか、**compensate**、**pay back** のことだ。イエス様は、**sin**〈罪〉という借金（おどけて、**sin tax** ＝罪税という人もいる）を代わりに払って下さるお人なのだ。

　make it right とは借金さえ返せば、軌道修正ができる（**get it right**）という発想だ。他力本願的なところがあり、自力本願の禅（武士道）とは、なじまないところがある。「私は真実なり」といっても、人は素直に受けとらない。聖書の言葉をけなす英語表現は多い。**Truth begins in lies.**（真実はウソから始まる）とか、**Charity begins at home.**（善業は家庭から始まる）というように。

　西洋の宗教だけをいじめるのはよそう。日本でも仁徳天皇は、仁政を施した有徳の帝であったが、夫（ミカド）の浮気に悩まされた妻（皇后）は、よくこぼした。

　「徳は家庭から始めてよ」と。

　Virtue begins at home.（私訳）

　耳が痛い。

　That hurts him. And that hurts me, too.

131 ★☆☆

Watch your language.

ワッチユア　レーングエッジ

言葉づかいに気をつけなさい。

　mouth は「口」だが、language は口から出る言葉で、内容だから「言葉づかい」だ。

　言葉づかいは、a way of talking。

　つまり diction (use of language) のこと。

　下品な言葉づかいは、a vulgar (coarse) way of talking。

　モーツァルトは、My language is vulgar, but my music isn't. と自惚れた。

　いや、そういう言葉づかいが許されるのも、彼が自他共に認める音楽の天才だったからだ。

　周囲の人たちは、彼に言った。

Your music is refined. But play nice.
（君の音楽は洗練されている。あとは、君の品格だ）

Watch your back.
「背中の後ろにも眼を──」

Watch your waistline.
「それ以上、食べない方がいいよ。（お腹が出てくるぞ）」

第2章 「破」の巻
狙え Aim!
—— Against the box ——

132 ★★★
Think outside the box.
セン(ク)　アウサイ(ド)ざ　ボックス

発想の転換をしてみよう。

みんなと同じ（常識的な）考えをすることを、think inside the box という。ボックスという箱は、常識のことだ。

Shift thinking gears. という1秒表現もおもしろい。水平思考のデノボ博士（私とはウマ＝ chemistry が合った）が好んだ表現だ。シロオビ（級）からクロオビ（段）に昇進するには、ちょっとしたパラダイム・シフトが必要だ。

『One Flew Over to Cuckoo's Nest』（by Ken Kesey）という映画（邦題は「カッコウの巣の上で」）を box から離れて考えてみた。

カッコウは托卵の名人で、子育ては他の鳥にさせる。他の鳥（ヒヨドリとしよう）の巣に同サイズの自分の卵を産み落とす。

早くヒナに返ったカッコウの子が、他の卵のすべてを巣から落とす。ヒヨドリの母は、自分の子供たちを殺戮したカッコウの子供に餌をやり続ける（親バカ）。

アメリカはヨーロッパからの渡り鳥により、托卵された植民地。一人の原住民が必死の思いで巣から逃亡した。

133 ★★★
Sort of.
ソー　ラ

ないといえばウソになる。

sort of ソートオヴより、ソーラ（**sorta**）と発音される方が多い。**kind of** はカインダ。
Do you like her?
Sort of.（きらいだといえば、うそになります）
I kind of like her.
（なんとなく彼女が好きさ。きらいじゃない）
I love her…　sort of.
（彼女が好きさ──。なーんちゃって）
この"間"（…）に意味がある。

134 ★★★
I saw it coming.
アイサーエットカミング

そうなるとわかっていた。

誰もそんなことが予期できなかった。
Nobody saw it coming.
こんな変化球も私はよく使う。
Oh, I'm not surprised.「別に驚かないね」というように。
「やっぱり」**I know it.** などもお勧めだ。

135 ★★★
I'm sorry (for your loss…).
アイムソーリー

ご愁傷さまです。

「ご主人は」「昨年亡くなりました」「そのことを知らず、失礼しました」この失礼は、**I'm sorry.** と訳すが、「ご愁傷さまです」という場合でも同じく、**I'm sorry.** だ。

それを耳にした遺族が返す言葉は、**Thank you.** である。日本人同士では、長い文章のやりとりが交わされるが、英語ではトータルで3秒以内。

I'm sorry. Thanks. もっとも、相手によっては、**for the loss of your great grandfather** とか長く伸ばした方がいい場合もある。

136 ★★★
We need to talk.
ウィ　ニードトゥトーク

重要な話がある。

「重要な話」だから「今すぐ」でなくてはならない。多くの日本人に英訳させると、**important issue** とか **immediately** という **big words** が飛び出す。

映画に出る表現はもっと簡単。それなのに字幕に頼り過ぎてネイティブの早口英語が聴きとれない。それだけ簡単な表現でも、いや、だからこそ意味が深いのだ。

We need you to come to my room.

こんな簡単なフレーズで「大切な話」「今すぐに」が含まれているので、登場人物の表情が変わる。**need** はしょっちゅう耳にする。緊急性が伝わるまで、この表現を10回音読してみよう。

137 ★★★
You deserve better.

ユウ　ディザーヴ　ベター

もったいない人材だ、きみは。

　ネイティブは、目を輝かせて、Thank you. と言うだろう。日本語も英語もペラペラなのに、語学の才能が生かされていないネイティブが多い。

　そんな人に、You deserve better. といって励ます。短くてパンチの利く英語だ。もっと、文学的な表現を使うと、

You're undervalued.
Your talent is underutilized.
You're underappreciated.
Your experience should better be recycled.

　ここまで表現しなければ、日本語の「もったいない」は伝わらない。ネイティブはもっとさっぱりした表現を使う。

It's a shame you don't speak English in your office.

（オフィスで英語がつかえないって、もったいない話だ）

「もったいない」は、3-Rs で表わせる。

Reduce
Recycle
Reuse

　この3つ。亡くなる前の人間を再利用するわけにいかないが、その人の知恵をリサイクルすることはできる。その人の本を読むことにより、故人を活かすことができる。名著に限るが…

The dead persons sometime deserve better.

138 ★★★
Let's agree to disagree.
レッツ　アグリー　トゥー　ディサグリー

和して同ぜずでいこう。

　日本人は駆け引きを嫌う素直な国民だ。だから騙されやすい。二人の交渉相手が自分のことを言い争っているなら、一人は自分の味方だと思い込んでしまう。これを「素直」という。

　「素直」は、英訳しがたい日本的概念だが、**naive** という表現が近いような感じがする。二人が意見が違うように見せかけると、国際交渉は巧くいくのだ。口合わせとは、こういうゲーム感覚のことだ。

　しかし日本人は、対面を気にしていて、意見が違っていることを他人に知られることは、仲が悪い（不和）証拠だと、曲解されることを恐れるようだ。

　だから日本人の口合わせは、**agree to agree** になってしまう。「和して同ぜず」を演じることができれば、**agree to disagree**。

　表題をどう邦訳していいのか、今も迷っている。

　agree to disagree こそ、ディベート（究論）の精神で、日本の教育にも取り入れよと、今も主張し続けている。

　日本でディベートが広がらないのは、「恥の文化」のせいだろう。人前で意見が二つに分かれると、そこに「和」がない。あの二人は（面子を潰し合っているから）仲が悪いのではないか、と勘ぐってしまうのだ。

　その反動で生まれたのが、**agree to agree**（人の前では同意しか許されない）という村人のコミュニケーションだ。このユニークな表現は面白いとネイティブから受け入れられてしまった。

139 ★★★
Let's go with the flow.
レッツ ゴウ ウイす ざ フロウ

自然体でいこうぜ。

ケセラセラという言葉が流行った。アメリカ人好みの表現は、**Go with the flow.** だ。

Be yourself. なんかもおすすめ。

flow（流れ）は、水の国の日本人の心情に適う。

川の流れのように──

美空ひばりは、濁流にも身を任せた。

逆らわないこと。**Don't fight it.**

Don't fight it. は検定試験にも出ないクロオビ英語。

アメリカのサラ・パリン女史は、次のようなクロオビ英語を使った。

Only the dead fish go within the flow.

（流れに身をまかせるのは、死んだ魚だけ）

私は生きている魚なのよ、と自然体を否定した。

日本人にとり、自然（**nature**）はやさしい。

しかし、自然は甘くないのだ──東日本大震災を見よ。

Let's be natural. が、ナチュラル・イングリッシュだろうか。

Speak English naturally. と **natural speed English** なら、スピードに限定されるから明快だが、**natural**（誰にとってナチュラルか不明）は不可解。私ならこう訳す。

Tomomi speaks English effortlessly.

effortlessly（肩の力を抜いて）は、まさに自然体。

140 ★★★

Just let it go.

ジャスト　レレッ　ゴウ

ま、なかったことにしよう。

　自然体の気持ちで、過去を忘れることは、**let it go.** go は行くことではなく、「消える」ということだから、後腐れがあってはならない。レレゴウ。1/2 秒。

　「なかったことにする」という知恵。

　男女の仲が消えるとき、どちらか「縁がなかったんだ」というのも、**Just let it go.** でよい。**Just** は、「まあ」と聞こえるときに使える、トランプでいうジョーカー。どのようにでも化ける。ジャスレレゴで 1 秒。

　「クビにされたよ」も **I was let go.** ゼロからやり直すことも、子供が親から乳離れすることも、**letting go** だ。

141 ★★★

Just fake it.

ジャス(ト)　フェイケッ(ト)

はったりで行け。

If you don't know how to do it, fake it.
やり方がわからなかったら、はったりで行け。

　一流でなかったら、一流のように振る舞え。**If you're not a pro, play like one.** だ。これを一言でいえば、**Fake it.** だ。東京は外見が大切だ。都会人のビジネス・スマイル（英語では **fake smile**）はなくてはならない（**critical**）のだ。女嫌いのシャーロック・ホームズは、女の **fake tears** にもだまされない。眼を見る。**fake eyes** という英語はない。義眼（入れ目）になってしまう。

Coffee Break

　「はったり」といえば、関西人のレッテル（label）。関西人はハッタリ屋で嘘つきだという、大阪人に怨みを持った関東人もいる。liars ではなく、big talkers ではないか。

　とにかく大阪人はフロシキが大きい。それが活力になる。背伸びしようという気概が関西人を強くする。「負けたらあかんで、東京に…」という歌謡曲。「明日は東京に出て行くからは…」。この「王将」のセリフが私をここまで引き上げた行動のエンジンだ。

　「先生は現場力がありますね」と最近言われたことがある。ある会合で、その場で大勢の著名人にインタビューをして、とっさにテレビカメラに向かって英語で通訳したときだ。

　現場力とは即興的対応力。その現場力という妙な日本語にひっかかった。元同時通訳者というのは難儀なもので、ちょっとした難訳語にひっかかるのだ。「ぼくは現場力がある」I know how to fake it through. through（out でもよい）を加えた。準備なく、インタビューをして同時通訳なんかできるわけがない。

　You have to have what it takes to fake it any place you go.（どこでも現場力が発揮できる素質が君にはある）

　連続テレビ・ドラマ『ザ・ホワイトハウス』（The West Wing）でこんなセリフがあった。

Fake it.（はったりでいけ）
Can't fake it.（はったりなどできません）
Just fake it.（だまって、はったりを通すんだ）

142 ★★☆
You're into a lot of things.
ユアーイントウ　アララ　セングズ

いろんなところに首を突っ込んでいるんだね。

I'm into Zen.
（今、禅にはまっている）
She's into you.
（彼女はあなたに気があるのよ）
Oh, you're into a lot of things.
（手びろくやっているんだね）

ちょっと皮肉っぽいかな。ストレートにいうと、You're spread too thin.（間口を広げ過ぎているよ。overextended）これはかなりネガティヴ。

ポジティヴな言い回しに変えると、You have many irons in the fire.『千と千尋の神隠し』に出てきた蜘蛛男が何本もの手を動かして、何本もの鉄を火にくべている。あの姿だ。

「わかるかな」
Are you with me?
…沈黙…
…silence…
「さあ答えてみろ」
Well?

読者の反応はどうだろうか。中には、Yes, because I'm into you. こうなれば、もう信者。

143 ★★☆

Won't happen again.
ウオウン(ト)　ヘプ　ナゲイン

もう二度と、こんなことはしません。

こんな英語をあるドラマで耳にした。

Sorry. Traffic. Won't happen again.

1/2秒、1/2秒、2秒で、トータル3秒だった。もし、この英文を日本語に訳したらどうなる。

「すみません、交通が渋滞していましたので、遅れましたが、二度とこんなことがないように、気をつけますので…」

と10倍の長さになるだろう。**This will not happen.** だから、こんな事態（**this**）を再発させないという意思表示になる。

144 ★★☆
Happens all the time.

ヘプンゾー　ざタイ(マ)

よくあることだ。

　It happens all the time. の it を省略すれば、1 秒に収まる。Happens.（1/2 秒）でも通じる。たまに耳にする。

　it がひろく使えるようになれば、初段。級の段階は、単語数にモノを言わせていたが、クロオビになる(入段する)と、使われる単語がシンプルになり、1 秒英語のリズムが身についてくる。

　それに if が自然に使えるようになると、高段者（二段以上）になる。it も if も、1 秒原則が身につくと、英語にムダがなくなる。

145 ★★☆
It's really something.

イッツ　りーリー　サムしン(グ)

たいしたものだ。

　モノだけではない。人間に対しても使える。
　You're something.（たいした人物だ）
　そういう人はどこか志がある。
　I'll be somebody in the future.
　（いずれひとかどの人物になるのだ）というように。

　I'm nobody. I'm in the middle of nowhere, but I hope to get somewhere in the future.
　（今は名無しの権兵衛で、途方に暮れているが、将来はひとかどの人物になってみたい）

146 ★★☆

That's fair enough.

ゼッツ　フェア　アナフ

ま、いいだろう。

　妹が「お姉ちゃん、ずるーい」と母に泣きながら訴える。その場合「ずるい」は、**That is not fair.** だ。
　母は、「いいえ、平等に扱ったわ」というなら、**That IS fair.** と is を強調して、なだめる。
　「ま、いいでしょう」という場合、**That's fair enough.**
　この「ま」という「間」を活かして、enough を加えた。
Fair enough.（フェラナフ）だけでも通じる。

147 ★★☆

Please.

ポリーズ

勘弁してくださいよ。

　「冗談も休み休み言え」という場合もプリーズ。
　お願いだから、そんな冗談はやめていただきたい、と哀願するときは、ポリーザと1秒ぐらいにまで伸ばして頂きたい。プリーズとカタカナのまま話したいところだが、母音を抜くための **breath control** を意識すると、ポリーザに近くなる。プのあとに「う」が入ると、P音がンパッと破裂しなくなるからだ。

148 ★★☆
What's in it for you?

ワッツエネッ(ト)　フォーユウ

あなたに何のメリットが。

「こんなことをして僕になんのメリットがあるのかね」
What's in it for me? はよくビジネス交渉で使われる。

しかし、プロはさらに、me を you にかえて、相手からホンネを引き出そうとする。私のインタビューにもこの技をよく使う。「お金のためです」と答えるなら、I'm in it for the money. でよい。数回、声を出して覚えよう。

もし、カネに潔癖な人の信頼を得ようとしたいなら、次のフレーズを 10 回ぐらい音読してみることだ。

Look, I'm not in it for the money.

そのあとに I just enjoy working with you. と加えてみよう。

「野球などのスポーツのため」「究論（ディベート）のため」なら、**for the good of the sport (debate)** がお勧め。声に力を入れれば、自分の信念を強化することになる。

ちょっと、単語の勉強をしてみよう。

日本人が使うメリットは、**advantage** に近い。複数のメリットは、**advantages**。米式発音は、エドヴェーンテジス（エドヴェネジズとも）。英式はアドヴオーンテッジズ。

149 ★★☆ Look who's talking?
ルック　フーズ　トーキング

君に言われたくないね。

　人の言葉の意味は状況によって異なる。
「外国語を始めるにはちょっと歳よね」
「君にいわれたくないね」**Look who's talking.**

　同じ内容なのに、誰が使うかによって、聞き手を怒らせることがある。「君もその歳でよく言えるね」「あなたに言われたくないわよ」「その口で」「お前が言うな」**etc.**

　よく映画で耳にする、英語雑誌の見出しにも数回出ている。5、6回音読して覚えてしまおう。

　最近の『**TIME**』で、クリントンの写真の記事があった。その見出しが、**Look who's leading?** だった。
（お前は、まだリーダーのつもりか、その態度…）
本文は読まなかった。
多分、口の利き方も態度の中に含まれていたのだろう。

You're a bit too advanced for your age.
（あんたは歳のわりに、ませているね）

Look who's talking.
（あんたに、言われたくないね）

　読者が、「松本先生、英語はむずかしいですね」と言ったとしよう。「お前が言うな」**Look who's talking.**

　狙ったように英語を学んできた、私が言うんだから説得力がある。それなのに、努力もしていない、お前が言っても説得力がないぞ──心がこもっていない。そこまで私に言わせるな！

Look who's talking.

150 ★★☆
What's a friend for?
フッツアフレンドフォア

水くさいぞ。

　この「水くさい」は難意語の一つ。親友同士では、隠しごとや、遠慮があってはならない、というのが仁の心。公理とはいえなくても、慣用句として通じる。映画で耳にするのは、
　What're friends for?（何のために友達があるのか）
　という1秒フレーズだ。
　We're not strangers. よりも、もっと前へ突っ込んでいるだけに、より英語らしい。

151 ★★☆
I know what you went through.
アイノウ　ワットユウウエントするー

つらかっただろうね。

　It must have been painful. と突き離すのもいいだろうが、カッコをつけ過ぎた高級英語だ。
　口語表現では、**go through** がお勧め。**I know** の中には、「言わなくてもわかる」「察することができる」という意味があり、相手の気持ちに入れる。

152 ★★☆

Let's put this behind us.
レッ　プッゼス　ビハインダス

（お互いに）このことは水に流そう。

「水」は日本人の価値観にあう。中国も韓国も水に流すという表現は好まない。中国人は「風」を使う。随風而去と。アメリカ人は過去を水に流すというより、土に埋めようとする。**Let's bury our past.** のように、お互いの過去の傷は触れないでおこうという知恵だ。過去にこだわる（dewell on the past）のをきらう。だから、**Don't reopen old wounds.**（古傷をまた開くのはよそう）という表現を私は好んで使う。

153 ★★☆

That hurts.
ザッツ　ハーツ

耳が痛いね。

「あんたが幸せなのは、あんたの女房が美人じゃないからだ」

こんなときネイティブ（腹のあるネイティブに限定して）は、どう答えるだろう。「そりゃ耳が痛いね」（**That hurts.**）と。

かつて、『日米口語辞典』を編んでいた頃、この「耳が痛い」をどう訳せばいいのか、多くのネイティブと議論をくり返したが、いい適訳がでないままだった。

映画でよく耳にする決まり文句は、**That hurts.** だ。

ちょっと練習してみよう。「愛があれば夢がなくなる。愛がなければ夢が膨らむ。芸術家ってそんな考え方をする。あなたは夢がある——愛がないから」

これを笑いで返せるだろうか。**That hurts.**（笑）でよい。

154 ★★☆
What can I do for you?

ワッ　カナイ　ドウーフォーユウ

なんでっか。

　ある東京人に聞いたところ、大阪人はホンネからストレートに入るのでこわい、という。

　TIME社の営業マンが、大阪のパナソニックのオフィスを訪れた。外交辞令として、「お忙しいところ」と枕詞を述べようとしたが、相手は「今日はなんでっか」といきなり、用件を言えといわれ、短刀を突きつけられたような感じがしました、と言う。

　私が20代の後半、英語界で天下人といわれた松本亨博士（NHKラジオ英語会話講師）に英語で対決したことがある。

　初めての英語での対決だと胸をときめかせて原宿の喫茶店で会った。そのとき60歳を超えた松本亨博士の最初の英語のあいさつが、1秒英語だった。

　What can I do for you today?「今日はなんでっか」だった。呼吸が乱れた。

　Why do I have to listen to you? が本音なのだろうか、と疑ったほどだ。

155 ★★☆

It's a matter of principle.

イッツアマターオヴプリンスイポ

これ、ぼくのポリシーですから。

　自分のポリシーといってもピンとこない。「この人の宗教的信念はどこからきているのか」と人は疑問を感じるからだ。

　通常、**It's a company policy.** というように、組織の決まりを用いる。自分の意見じゃなく会社のルールですから、と。

　日本の政党のマニフェストのような、いい加減なポリシーは英語の **policy** ではない。

　もし変わらないポリシーや、ゆずれないものが信念であるなら、**principle** になる。

　たとえ、いくらお金を積まれても、譲れないものが **principle** である。脊椎動物の背骨（バックボーン）のようなものだ。これまでの人生で妥協ができないとき、私は必ずこう言う。

　「私はサムライです」と。

　その商社の人事部長は、「そうか武士に二言(にごん)はないのか」とボソッと言って、やっと私の辞職願いを受けとってくれた。

　これも **It's a matter of principle.**

　残ったら、好条件が与えられると知っていても、「じゃ残ります」といえば男がすたれる。

　「サムライです」とは、**I'm a principled person.** ということだ。

156 ★★☆
Excuse ME.
イクスキューズミー

お言葉を返すようですが。

Excuse me. なら「すみません」「もう一度おっしゃって下さい」。

ところが、Excuse ME. と me にアクセントが入ると、相手の言っていることが 100 パーセント聴きとれなかった時ではなく、うーんその言葉、聞き捨てならないというような時に使われる。

I beg your pardon.

(アイ・ベッグ・ユア・パードン)

とゆっくり言うのも、あきらかに怒りの抗議だ。

大阪人の、「なんやて」「もっぺんゆうてみ」に当たるのが、

「イクスキューズ　ミイー」だ。

しかし大人の会話(civilized conversation)となると、もっとていねいに maybe などを使って語調をやわらげる。

Maybe I shouldn't say this to you, but…とか、**I hate to contradict you, but**…というように。

役柄で(自分の本心ではなく)敢えて反論している場合なら、

I'm just playing the devil's advocate with you.

がいいだろう。これなら、誰かが(聴衆か他の社員)を代弁しているので、相手は笑顔で聞き流してくれる。

157 ★★☆

Watch him.
ワッチム

彼から目を離すな。

Look at him. ちらっと見ろ。
Give him a look. や Glance at him. と同じだ。
しかし、watch は、「目を離すな」になるので、使い方に注意。彼は何をしでかすかわからないから、keep an eye on him.
彼は（大物に）化けるから、注目しておけ、という場合にも使える。
Matsumoto is a man to watch. と聞けば、すごい人物に化けかねない人物（端倪すべからざる人物）だから、目を離すな、という意味になる。
しかし、アンチファン（大学教育者に多い）は、「松本は狂人だから、He's on the watch list. 目を離すな」と見るから、ワッチムとなる。大学は羊の集団。私のような狼がくると、怯える。
A wolf at the door! とだれかが騒ぐ。何度もこの crying wolf（オーバーに騒ぐこと）の犠牲になった。
私の動きを注目して欲しいという場合は、Watch me.
しかし、私には敵が多いから、見守って欲しいという場合は、over をつけて Watch over me と言ってみたい。ワッチムとワッチオウヴァミーを3回ずつ音読!!

158 ★★☆
Get over her.

ゲットオウヴァーハー

彼女のことは忘れろよ。

Forget about her. とか Give her up. でもよいが、そのあとに、Move on.（前進するのだ）という励ましの気持ちを表わすなら、get over her がお勧め。

風邪やインフルエンザのように get over するのが、前向きな姿勢といえよう。

もし、ある人が、I just can't get over her. という人がいれば、もうその人にとって、トラウマだから特効薬はない。

159 ★★☆
You're wrong about me.

ユアーろングアバウトミー

ぼくのことを誤解している。

使えそうで使えない。be wrong about を覚えておくと便利だ。
I was wrong about you.（君のこと誤解していたよ）

そのあとに、sorry. と加えれば、相手も「気にしないよ」Forget it.（フォゲレット）と許してくれる。

get が入ると「動き」が加わる。
Don't get me wrong. 「こんなことを言って誤解しないで」
Sorry. I got you wrong. と get が加わると、より口語的になり、人と人の「間」が縮まる。

160 ★★☆

That's the last straw.
ゼッツ　ざ　ラーストストロー

もう、堪忍袋の緒が切れた。

　The last straw（最後の藁〈わら〉）とは、藁の荷を運んで倒れる寸前のラクダの背中に、あと一本の藁を乗せた、とたんにバタッと倒れた。その一本の藁。そこまでじっと耐えていた。この苦しみと痛みの限界を言い表す英語表現。それを1秒で…。そう、それは、
　That's the last straw.
　The straw that broke the camel's back. まで述べる必要はない。斬れる英語の表現は1秒なのだから。

161 ★★☆

Says who?
セズ　フー

誰に頼まれたのだ。

　この居合い抜き英語は、同時通訳の師であった西山千氏も得意とするところだった。あるとき師が数人の日系米人に取り囲まれた。何かいちゃもんをつけられたのであろうか、そのとき師は、**Says who?** と日本人離れした1/2秒英語を使った。その英語を耳にした、日系米人は、「恐れ入りました」とばかり、その場で全員子分のように振る舞ったというエピソードだ。まるで座頭市の早業。師の英語はカッコよかった。

162 ★★☆
She has an attitude (problem).
シーヘザナティテトウード（プらブラム）

彼女は態度がでかい。

　よく attitude という英語を映画で耳にする。もし、聞き覚えがなかったら、もっとナチュラル・スピードの英語を聞いてみよう。attitude は単なる態度ではなく、悪い態度、つまり生意気（raw＝ぞんざい）ということだ。**You have an attitude problem.** とか、**His problem is attitudinal.**（これは目に訴えるが、あまり耳にしない）。使っていい表現は、**Don't give me an attitude.**（オレにそんな口を利くな）

　この辺りの空気が読めないとトラブル（**a situation** という口語表現が使われる）が生じる。

　a situation とは、困った事件のこと。映画には、辞書ではわからない表現がよく使われる。

　日常会話では、**He has an attitude.** で通じる。

　He has an attitude problem. なら確実に通じる。

　しかし、プロ通訳者なら、さらにこのように具体的な表現を用いる。**His problem is attitudinal.**

　やはり、通訳者には、格調のある英語が期待される。字幕翻訳者は、もっとくだけた表現を好む。字幕翻訳希望者が多く（とくに女性）、そのため本書も後者向けに編んでいる。

You've fired yourself.

　通訳者　「首にされたのは、あなたの責任だ」
　コンピューター通訳　「あなたは自分自身を解雇した」
　字幕通訳者　「そんな態度じゃね…」

163 ★☆☆

You've got your dad's eyes.

ユウヴガッチュア　ダッザイズ

眼は父ゆずりだね。

　日本人はなぜ give と get が使えないのか。多分、耳や眼から入る give と get が聴き取れないからではないか。

　つまり give と get のシンボルが見えないのだ。give と get というエネルギーのある基本動詞を飛び越して、単語の数を求めようとするから、get よりも、inherit（遺伝的に受け継ぐ）という単語を求めるのだ。その方が聴き取りやすく、使いやすいのだろう。**You have inherited the feature of your father's eye.** の方がスッキリするのだろう。

　You've got your dad's eyes. と 1 秒まで縮められたら、もう聴き取れない。

　豊胸手術をしたい女性なら、**I want to get her breasts.** というだろう。この **her** の代わりに女優の名前を使いたかったが、マスコミに登場する女性などすぐに（この本が発売される前に）使い捨てにされるので、使わなかった。

　――初めから女優の名前など知らなかったりして・・・。

Coffee Break

　『UP IN THE AIR』というジョージ・クルーニー出演の映画で1秒英語表現ばかり拾っていたが、哲学を拾うこともできた。

　「旅は道づれ世は情け」に近い表現（前から気になっていた）が見つかった。

　Life is better with company.

　旅（travelling）にこだわると訳せない。人生そのものが旅なんだから、辞書には、Companions for travel and kindness in life という訳が出ていた。ネイティブでも首をかしげるだろう。

　やはり、哲学はコンパクトな方がいい。人生で絆をつくる（make a connection）のが仕事で、世界中を股にかけて飛び回る、淋しい男がいる。ハンサムでよくもてる男ライアン（クルーニーがはまり役）で、心から惚れ込んだ女はいない。

　いやな女に近づいてしまう。その女は、クビ切りの達人。突如、Your position is no longer available. といって、解雇（let go）する。職場を家庭の延長と考えた古参をバッサバッサと切っていく。それを背後で非情な眼でながめているライアン。

　とにかく、彼のスピーチ力は avoid commitment（絆を避けよ）というメッセージでちりばめている。彼の哲学は We all die alone.（誰でも死ぬときはひとり）である。

第2章 「破」の巻 狙え Aim!

　その男に初めて恋が芽生えた。
What came over him!
　不覚！　別れたあとも、彼女が忘れられなくなって、飛行機に乗って会いに行く。ジェット族にとり地球は小さいもの。しかも絶対もてると信じ込んでいた男だ。やっと、彼女の家を訪ねたとき、彼女には幸せな家庭があった。Oh, my God.
　すごすごと飛行機に戻る。しかし戻るところがない。「出身は」と聞かれて答えられず、From here.（ひとりぼっち）と答えた。be alone by himself の男。himself の by（そば）にいたのだから、淋しくなかったはずなのに、初めて孤独を感じた機中の人。『UP IN THE AIR』は、浮草のように漂う（floating）人生を象徴していた。
　あっという間に氷解する雲のように移ろいやすい人生（fleeting life）を描いた私好みの作品。

164 ★☆☆
You should know better.
ユウ　シュッド　ノウ　ベター

そんなことは常識じゃないか。

should の代わりに ought to を使ってもよい。

know better とは「〜でないことを知っている」の意。

「常識だ」という日本語は英訳しにくい。日本人が常識という場合、Everyone knows it. に近い。should がつくとかなり口調が荒い。

「反省しています」と素直に認めるなら、こんな表現も。

I should've known better.

どちらも 1 秒では苦しいが、別にネイティブ並みのナチュラル英語を話す必要はない。しかし、日本人英語でも 3 秒以内に抑えよう。3 秒を超えると、間のびしてしまうからだ。

165 ★☆☆
Speak of the devil.
スピーク　オヴ　ザ　デヴル

噂をすれば。

the devil will appear が続くが、この箇所は英会話では省かれる。日本語で「噂をすれば」のあとの「影とやら」が省かれるのと同じ理由だ。呼吸は 1 秒以内にとどめておくのが自然だ。

英文雑誌の見出しで同じ呼吸原則が用いられる。**If it ain't broke.** のあとの **don't fix it.** まだこわれていないのに、修理する必要はないの意。「あわてなさんな」とか「拙速は禁物」というとき用いられる 1 秒英語だ。

166 ★☆☆
Tell'em I said "Hi."
テレム　アイゼドハイ

みなさんによろしく。

　この例題は、私の好きなマンガ家 Scott Adam 氏の Dilbert から借用したもの。

　「みなさんに伝える」は、Tell'em.（テレム）。

　よろしくは "Hi."

　手元のストップウォッチで、テレムアイセッドハイ、テレムアイセッドハイと1秒ずつ発声したら、5秒で5回いえた。

　これを何度も音読すれば、映画の英語が耳に入りやすくなる。

　「みなさんにあやまっておいて下さい」

Tell'em I said (sorry).

　これなんかも1秒英語で使える。日本人の英語の1/3のスピードでしゃべるのだから、ネイティブ以外の国の人の英語なら100％理解できるはずだ。

　アメリカの映画を耳にしながら、この校正を急いでいる。

　Tell mom. という言葉が耳に入った。テ(ロ)マ(ム)、テとマだけ。「お母さんに言いつけろ」だが、この **tell** が聞きとれない。**Tell'er.**（寺としか聴こえない）**Don't tell on me.**（僕のことちくるんじゃないよ）ぐらいなら、耳に入る。

　とにかく、本書の英語を何度も音読して、映画が聴き取れるようになりました、という朗報を首を長くして待っている。

　I wait, I wait, and I wait.

167 ★☆☆
Just name one.

ジャスト　ネイム　ワンヌ

具体的に一人でもいいから、だれ？

「みなさんそう仰います」

Everyone is saying so.

と聞いて、なんとも思わないのが日本人。外国人はそんなナイーヴ（能天気）じゃない。

「みなさんて、だれ。具体的に」と突っ込む。その英語が、**Name one.** である。

「一人でもいいから」を **just** としたのは、私のサービス精神だ。

Be specific.（具体的に）という場合は、名前というよりも、内容の具体性のことだ。抽象的なごたくはなく、具体的にという場合なら、**Be more concrete.** になる。

「世間があんたのことを変人だといっている」という場合の内容が、電車の中で『TIME』を読んでいる人（今の日本人は読まない。紘道館メンバーと菱研の TIME 大学を除いて）のことであれば、**Be concrete.** だ。

Just name one. と言えない場合がある。

Everyone is doing it on Wall Street.

例えば、**insider trading**（内部情報で取引すること）は常識である。

しかし、法律にうるさい人は、彼らは **guilty by association**（仲間ともども同罪）だという。

168 ★☆☆

They set me up.
ゼイ　セットミーアップ

私はハメられた。

冤罪の犠牲者はなくならない。
You've got the wrong man.（犯人はオレじゃない）
とわめいている獄中の人の叫びが聞こえてくる。

日本人は、**I was set up.** と日本語をそのまま文字通りに訳しがちだが、英語は受動態より能動態でいこう。5、6回音読して口唇に覚えさせよう。テレビ番組での「やらせ」も **a set up.**（**It's staged.** でも通じる）

169 ★☆☆

It's now or never.
イッツ　ナウ　オア　ネヴァー

今がチャンスだ。

Now is chance. では通じない。**chance** は確率（**probability**）のこと。日本人のチャンスは、英語ではほとんど **opportunity**. だから、**If you're looking for an opportunity, this is it.** となる。

「今がチャンス」「時は今」は、すべて **This is it.**

It's now or never. はポピュラー・ミュージックの歌詞にあるように語呂がいい。ちょうど1秒以内で収まる。

西南の役で敗軍の将、西郷隆盛は、「もうこのあたりでよか」といって、自刃した。**This is it.**

170 ★☆☆
I've told you.
アイヴ　トウルジュー

だから言ったじゃないか。

「言ったのに」の「のに」は不要。英語は「すでに言った」と、過去完了で用いる。映画では、**I've** も省き、**Told you.** と 1/2 秒英語が用いられることがある。

超速のトウルジューを 2、3 回音読すれば、**I've told you.** を耳にしたとき、ホッとするはずだ。英会話──とくにリスニングに関しては──コツコツとは学べない。ちょっと無理をすることだ。

音読といえども、私の定義によれば、呼吸の使い方も入ってくる。音楽感覚が必要だ。

171 ★☆☆
Tell me the truth.
テロ　ミー　ざ　トるーす

ホンネ（本当のこと）を言ってくれ。

人は本音を知りたがる。本音とは本当のこと、つまり真実だからだ。口から出た言葉、耳に入った言葉は、事実であっても真実でないことが多い。

それを口に出すことは、ときには勇気がいる。口に出せというのが **tell** だ。だから、**Tell me the truth.** は、1 秒内で決まる迫力のある英語表現だ。

とにかく真実というのは深いものだ。

英語では、**Truth takes time.**（真実は深いものだ）

172 What bothers me is…

ワット　バザーズ　ミー　イズ

どうもひっかかるんだが…。

刑事コロンボがよく使う。私もよく使う。
「どうも腑に落ちないんだが…」これも同じように **bother** で間に合わせよう。

What bothers me is…　ここでちょっと間をとる。
コロンボのように。
Just a theory（ふと、ある仮説が浮かんだのだけれど）
これが彼の **routine questioning**（お決まりの質問）。
アリバイがあっても、動機が不透明な場合、相手を逃さない。コロンボは、ご自分でも認めるように、動機にうるさいのだ。
Columbo is pretty good on motives.

What bothers me …を使ってみよう。ネイティブが **What?** と聞けば、「まあ、そのう…」と間をとってから考えることだ。その時の英語がこれ。**I just** …

「なんとなく」といって、「やっぱり口で説明はできない」というなら、**I just can't** …でよい。

これ以上、敵は、いや相手は突っ込んでこない。なぜか、**just** とは、自己を **justify**（自己弁護）するための **just** でもあるからだ。

実家を後回しに、津波と闘った公務員が言う。
「人は助けたが、家へ帰ったら、家族全員がみんな津波に流れて行方不明だった。身内を助けられなくて、くやしい」
その時の **NHK TV** の同時通訳者（ネイティブの英語だった）が、**I can't take it.**

1秒はいいから、**just** ぐらい入れろよ、と言いたくなった。

173 ★☆☆

That's the least I can do.

ぜッツざリーストアイキャンドウ

せめても、それだけは。

the least の使い方に慣れてみよう。今(for)できること、あなたに対して (for you) をつければ1秒オーバーするが、3秒以内だったら構うことはない。「これだけはさせて下さい」とへりくだるときに使えるが、その反対に「せめてそれくらいはやって下さい」という場合でも、この the least が使える。That's the least YOU can do for us. と。

「それだけは絶対やらん」(That's the last thing I'd do.) といわれたら、「そこをなんとか」Oh, come on.（オー、カム、オン）とゆっくり語気を強く、食い下がるべきだ。

どちらも3秒もあれば十分。

174 ★☆☆

That's a good one.

ざッツ　ア　グッドワン

そのジョーク気に入った。

なかなかいえない。やはり何度も口に出して、口唇に覚えさせよう。

だれかが気の利いたジョークを飛ばしてたら、ザッツアグッドワンと、I love that. でもいい。love とは「愛する」ではなく「気に入る」と訳せばわかりやすい。

Coffee Break

　私は笑いを武器として世界を旅する。英語があればこわくない。English makes the world go around. だ。

　日本も海外もどちらもストレスがたまらない。海外の方がリラックスできたりして…。

　アメリカのあるホテルのフロントで、a darkskinned American とチャッティングをしていた。私が日本ではかなり著名であると知ったのか、「このホテルにも有名人が泊まるんだよ」と、いろいろ名前をあげ始めた。

　そこで、私は、I'm not interested in famous people. I'm interested in rich people. といったら彼が大笑いしながら、That's a good one. とほめてくれた。

175 ★☆☆

I'm who I say I am.

アイム　フーアイセイ　アイアム

これが本当の私なの。

「これが」は、私が言っていること。
「見たままの私」というのは、
What you see is the real me.
the real me は、what you get と置き換えてもよい。
This is the real me.（見たままの私）
これが掛け値なしの私。私の本当の姿ということになる。

176 ★☆☆

Don't be hard on yourself.

ドウントビーハーダン　ニユアセオルフ

あなたは自分に厳しすぎるのよ。

be hard on と覚えておこう。tough ではない。
Get tough with kids. は「子供には厳しく」だ。
hard でも tough でも、その反対の「甘え」は soft だ。
「自分に甘い」は、be soft on oneself だ。
アルツハイマー症や認知症の人に「がんばれ」はよくないらしい。
　Be gentle with yourself.（自分にやさしくするのよ）
　がいいという。書き言葉では、Lower expectations of yourself.（あなたに対する期待――ハードルのこと――を低くすることよ）となろう。

177 Just curious.

ジャス(ト) キュリアス

ちょっと聞いてみただけ。

　別に、尋問するつもりじゃない。別に悪気はない。怒らせるために聞いたんじゃない。ふと聞きたくなっただけ。悪気はない（**No offence.**）という。

　そんなときの言い回しが、ジャスト キュリアスだ。短く、**I'm** を省き **curious. just** は、自己弁護のため。アインシュタインは、自らを天才とはいわず、人一倍好奇心の強い男だっただけとへりくだっている。

　しかし、**Curiosity kills the cat.**（あまり詮索しすぎて叱られた）という表現もあるように、好奇心もほどほどにしないと。

　だから、どうしても **just** という緩衝地帯が必要なのだ。

　ちょっと見てるだけ。

Just looking. Just windowshopping.

　ちょっとそう考えただけさ、は **Just a thought.**

　たかが **a thought** だが、されど **a thought** である場合がある。

Just the thought of my wife running away with another man in my absence dreads me.

　（私の留守中に女房が他の男と逃避行なんて考えるだけで、身震いがする）

　dreads の代わりに **freezes**（身が凍る）でもよい。そんな夢を見たことがある。ウソやがな。**Just a joke.**

178 ★☆☆

Who's behind this?

フーズ ビハンドゼス

黒幕はだれだ。

黒幕は、ある原書で見つけた wirepuller（a person who pulls the wires）が、日本人感覚にあうと思った。

Puppeteer（a person who pulls the strings）は、一般的に使われる。裏で動く（work behind the scenes）人のことだが、映画で出る表現はこの behind だ。

Who's behind the plot?
（だれがこの陰謀の絵を描いたのか）とか
Who's behind the riot?　（この暴動の黒幕はだれか）

179 ★☆☆

How do you mean?

ハウ　ドウー　ユウー　ミーンヌ

それどういう意味？

ふつう、What do you mean (by that) ? だが、その言葉は意味を尋ねているにすぎない。

ところが How が使われると、「どう解釈すればいいの（かね）」となり、ちょっと不満が吹き出した状態だ。How do you mean?（それってどういう意味？）を通り越すと、感情があらわになる、What is that supposed to mean?（どういうつもりで言っているんだ）となる。

180 ★☆☆
Make eye contact.
メイク　アイ　コンタクト

相手（聴衆）の眼を見なさい。

同時通訳の師から、メモを見ないで話者の表情も通訳するのですよ、と言われたものだ。

話している相手から眼を離さないこと。これは英語でスピーチをする場合の基本であった。英文法的にいえば、

Look 'em in the eye.（ルックケム　イン　じアイ）となるが、犯罪捜査官は、**Read his eyes.** と、もっとストレートに表現する。

眼の表情を読みとりなさい、ということだが、通常、特定の人物がジーッと眺める（**eye lock**＝眼に鍵をかけること）ことは失礼だとされている。

とにかく、西山師匠という同時通訳の名人は、言葉にとらわれない、トータル・コミュニケーターであったから、恐ろしい。表情まで英訳するのだから。

今、私好みの **TV** シリーズ『**Lie to me**』を聴きながら、この原稿を書いているが、ウソかマコトかは、言葉だけではわからないことがよくわかる。

故西山名人とは、二人で話すときも——日本語だけであったが——お互いに眼を外したことがなかった。

181 ★☆☆
I've got nothing to lose.
アイヴ　ガット　ナセングトウルーズ

失うものはないんだから。

What have I got to lose? は、もっとパンチが利く。

You got nothing to lose. とか What have you got to lose? も同じように使える。

そのあとに、**Take a chance.**（やってみなはれ）がくる。

昔の経営者はリスクをとる社員を評価した。今は、リスクを避ける社員がトップになる。

小粒な経営者はリスクがとれない。

They've got too much to lose. だからだ。

182 ★☆☆
I give you that.
アイ　ギヴュー　ざッ(ト)

その点は認める。

give の中には、「ゆずる」という意味が含まれる。お互いに譲りあう、二宮尊徳の「互譲」（mutual give）の精神は、give and give にある。宗教家の施しの精神も、give だ。寄付も献血も give。惜しみなく愛を施すなら、give love away. away とはヒモつきでないという意味。

今、TV シリーズ『Glee』をバックに、この原稿の最後の校正を急いでいるが、耳に I give you that. が入った。

「認めるわよ」が近い訳だった。

183 ★☆☆

Over my dead body.
オウヴァーマイデッドバリー

目の黒いうちは（やらない）。

「目の黒いうちは…」は、『日米口語辞典』によると、**as long as I am alive** と変えられた。私の訳は、**over my dead body** であっただけにムッときた。編集者もあまり多くなると、責任体制があいまいになるものだ。

　You will, over my dead body! が文法的には正しいが、通常、**Over my dead body** だけで通じる。

　ロサンゼルスタイムズのサム・ジェームスン記者が、こんな風に私に言った。

　日本人が使う「むずかしい」は、**difficult** ではなく、**Over my dead body, you will.**（私の死体を越えてやれ＝つまり目の黒いうちはそうさせないぞ）ということだ、と笑いながら答えた。

　「金輪際やらない」も **Over my dead body.**

　日本語ペラペラな一人のガイジンと、英語のできない複数の日本人編集者が、日本語だけで辞書を作成するという企画にも無理があった。

　MHR の代表取締役、ミゲールさんは答えられた。「日本人の質問の仕方に問題がある」と。

　日本人は保険（**insurance**）のつもりで、有名な（必ずしも権威がなくても、例えばガイジンの）名前を使うと、ホッとするのだそうだ。

　そんなメンツにこだわる人とは、絶対に仕事をしないと、故サイデンステッカー氏は答えられた。**Over my dead body.** と。

184 ★☆☆
How can I get out?

ハウクナイゲラウ

外線にかけたいんだが。

ホテルから外線の番号を聞く場合——安ホテルに限って——には、**to get an outside line** というより **get out**（ゲラウ）と短く（1秒以内で）いえば通じる。**can I** は、キャンナイよりクナイと短く。

「ここで、お召し上がりになりますか、それともテイクアウトですか」というのも1秒。

Here or to go.
To go.（テイクアウトです）

こんなふうにカタカナ英語が実用英語の修得のマイナスになる。

185 ★☆☆
That's not possible.

ざッツナッ(ト)ポスィボ

ありえない。

「ありうるかもしれない」が、**That's possible.**
「まずありえないだろう」は、**That's not possible.**
（しかし、**possibility** は残っている）
さー、どうともいえん。応用問題をひとつ、

It's not probable. But it's possible.

これを訳すと、「まずありえないが、絶対ないとはいえない」もう少し短く、邦訳すると、「さーね」である。

That's not an option.（絶対ありえない）は交渉のときに使える。

186 ★☆☆

Uh. That explains it.
アー　ゼレクスプレインゼット

なるほど、それでわかった。

「だから、あんたは女房とうまくいかないのだ」
なるほど、愛と夢の関係か。それでよくわかった。
だから私の家庭も暗いのだろう。
Now I understand that.（今ならわかる）
understand の代わりに、**know** を使ったら？
I know it. の訳は？
そう「言わなくてもわかる」

187 ★☆☆

He's down and out.
ヒーズ　ダウンアンドアウト

彼は今、完全に落ち込んでいる。

completely depressed のこと。口語的にいえば、**down and out**. **down** は下へ、**out** は「消える」。**down** したが、**out** していない状況、つまり **down but not out** は、青息吐息のこと。

　ある辞書には、**be in great distress** とか、**recession (slump in business)** のような表現が出ている。聴衆の前で、逐次通訳する場合なら、こういう形式ばった表現の方が好まれる。

　しかし本書は、よく耳にして、しかも確実にネイティブに通じる1秒英語を音読させて、覚えてもらうのが主旨である。常に呼吸を意識している。

188 ★☆☆
Crisis is opportunity.
クらイシス　イズ　オポチューニティー

ピンチはチャンス。

　追いつめられること（私などしょっちゅうある）は、好機（**opportunity**）なのだ。答に窮して、一か八か、ハッタリをかます。私のとっさ思考（**critical thinking**）は、同時通訳の体験からきている。一か八かが、**take a chance** だ。いろいろな訳を思いつくまま、述べてみよう。

　数打ちゃ当たるは、**take chances** で複数形になる。そして、適訳をじっくり考える。（**sleep on it**）。**chance** とは、確率の意味でもある。多くの選択肢の中に、キラリと光るものがある。それが、**opportunity**（米語は発音はアパトウーニティ）である。危機（**in crisis**）に、ひらめくものだ。

189 ★☆☆

I'm not a lab rat.

アイムナットアラブらット

私はモルモットじゃない。

　mormot では通じない。通常、モルモットは Guinea pig。人間モルモットは、human guinea pig となる。
　たまに耳にする。よく映画で耳にする英語は、a lab rat.
　かなり、リスニングに自信のある私も、字幕にモルモットと出たときは、英語はなんだっけと、意識を集中させた。やっとわかった。
　ああこれだとわかるまで、なぜ苦労したのか。理由が三つある。

1. lab が laboratory（実験室）の略字であり、短くなり過ぎたので、英語が見えなくなった。

2. l と r が字幕に出ると、同じカタカナで慣れっこになった、日本人の耳には違いがわからないので苦労する。

3. 字幕のモルモットというカタカナ英語に邪魔された。とにかくカタカナにない r 字は日本人の耳に入りにくい。

　carpet は聴き取れても rag となると聴き取れない。
　He ratted on me.（ぼくのことをタレこんだ）は、まず聴き取れない。一昔前のカタカナ発音（発声）記号には、「ぅラット」と「ぅ」を入れていた。wine は「ぅワインヌ」と音量までカタカナにした。最近では、（本書でも）r 音は「らりるれろ」とひらがな表記している。

190 Pay her off.

ペイハー らフ

慰謝料(手切れ金)を払って別れなさい。

慰謝料は alimony. 離婚扶養料のことだが、現在は、maintenance とか financial provision ともいう(ジーニアス英和)。別に結婚していなくても、同居していた相手に請求できるのが palimony. 手切れ金のことで、日本では同じような意味で使われている。さてこれを1秒英語で言い表せるか。「さあー」って？ Yes, you can.

Pay her off. 1/2秒にまで縮めると、Pay'er off.(ペイアーらフ)。クラーク・ゲーブル(米俳優)は、遊び相手は素人の女か玄人の女のどちらがいいかと問われて、「コールガールの方がいい」と答えた。どうしてと聞かれて I can pay her off.「お金で解決できるんだから」とシャーシャーと答えた。コペンハーゲンで、立ち読みをして学んだ表現だ。

新聞でもよく使われるペイオフ。このシンボルが見えなかった。

しかし、銀行の立場からすれば、「一定額まで払ってやるから、それは口止め料だと思って黙って受け取ってくれ」というニュアンスに近い。口止め料、いや慰謝料かも。その心は同じ。

最近の『TIME』(Apr.11,2011)に、こんな小見出しがあった。わかるかな、この英語。

1.5 MILLION　Estimated number of women who could get payouts from Walmart. (p12)

(150万人の女性社員が、ウォルマートからがっぽり支払金を受取った)

6人の女性が引き起こした集団訴訟。payout は、配当金と同じく堂々と取れる。

191 ★☆☆

Buy her off.
バイ ハー らアフ

彼女をひっこ抜け。

off とは「離れている」状態。動詞とくっつくと「離す」ことになる。

You've borrowed half a million yen off her.
（君は、彼女から 50 万円借りたことがあるね）

Where'd you get that? Off him?
（どこで知ったの。あの人から）

私は芸術家気分でいつも **off-beat**。本を書くときも、授業をする場合でも、よく言葉が飛躍する（**off course**）。**get off the subject** のことだ。

off の f を 1 つ切り離す（**knock it off**）すると、**of course**（もちろん）となる。ブログを書く調子で飛躍してもいいかい。"**of course**" と笑顔で答えて欲しい。

おさらい。**off** には、「分離、離脱、逸脱」がある。まとめとはいいながら、またむずかしくなった。もう一度、3 回音読しよう。

Buy'er off.
（バイアらフ　彼女を買収しちゃえ）。ついでに、

Pay'er off.
（ペイアらフ　手切れ金を払ってわかれちゃえ）。

3 回じゃ少ない。10 回ずつ音読すれば、語感が戻り、**off balance** な君の英語も回復するよ。

192 ★☆☆

Never let her drive.

ネヴァー　レラ　ジュライヴ

彼女にハンドルを握らせるな。

ハンドルは、handle だが、自動車のハンドルは、steering wheel のことだ。「ハンドルを握る」は、get behind the wheel. だ。

193 ★☆☆

Get desperate.

ゲット　デスプレット

崖っぷちに立て。

英語の点数で勝負するには、崖っぷちに立つ必要はない。筆記試験から離れて、実社会で勝負ができる英語の使い手になるには、真剣勝負、つまり崖っぷちに立った気持ちでやって欲しい。それが、Be desperate. Get はもっと追いつめる。死に物狂いは、suicidal, Get suicidal. そこまでは要求しない。Get desperate for English. でとどめたい。

アメリカのリアリティー TV 番組に、『Desperate Housewives』がある。ローラ・ブッシュ（ブッシュ大統領の妻）が講演を頼まれたとき、冒頭から "I'm a desperate housewife." といって大爆笑を買った。婦人団体の会場で、ほとんどの聴衆者が、崖っぷちに立った主婦たちの昼メロ番組を見ていたことになる。

第2章 「破」の巻 狙え Aim!

Coffee Break

こういうイントロができるだろうか。
「私はどこどこに住んでいるデスパレートワイフです。アフリカ出身の夫は公園へ行っては、亀や鯉を捕ってきて、家で料理をするんです。しかも十人の子供を産んで欲しいっていうんです」バカウケすることは間違いない。

崖っぷちに立った人のジョークは中途半端なもんじゃない。

私が、あるバーでヤクザと英語で渡り合ったときの心境は？

Yes, I was desperate.

たった一日後にNHKのテレビ番組のオーディションを受けた。そして合格。海外経験なく、あのヤクザとの英語での死闘の一日と比較すれば、NHKのオーディションで合格することなど、朝メシ前（a piece of cake）。Before breakfast. ではない。失礼、昔流行ったが、今じゃオジンギャグ。

Let it go!（忘れてくれ）

194 ★☆☆
I just didn't do it.

アイジャスト　デイドウント　ドゥーエット

それでもボクはやっていない。

映画『それでもボクはやってない』は、実話だけに迫力があった。電車の中での痴漢行為は検挙されると、もう確実に有罪になるというから悲しい国だ。

この映画が外国でも公開された。そのタイトルが "I just didn't do it." だった。なるほどと思った。「それでも」が just か。

just とは、justify（自己正当化）と同じく、「これ以上攻めるな」という裏の意味を持つ「守り」である。

I just thought. 「ただなんとなく、そう思った」

――だから「突っ込まないでくれ」というニュアンス。

195 ★☆☆
Our marriage is over.

アワ　メリッジ　イズ　オウヴァー

われわれの結婚生活はおしまい。

これまで続いてきた事実は変えられない。それが峠を越した（over the hill）。だから、別れようというのが over。

The game is over. The party is over. も同じ。これまで続いてきたことは、有効なのだ。それに対し、off となると、意味が違ってくる。これまでの結婚生活までも、無効になってしまう。

Our marriage is off. となれば「結婚は破棄する」となる。結婚の約束を反古（ホゴ）するという場合も off。

決して over と混同せぬよう。

196 ★☆☆

Don't be a bad loser.

ドウンビーアベッドルーサー

負け惜しみはやめろ。

負けたのを悔しがったり、負けていないと言い張ったり、弁解する **bad loser** はきらわれる。

sour grapes がよく使われる。**Aesop's Fables** から **poor loser** よりも一般的には **bad loser** をよく耳にする。

I hate to sound like sour grapes, but I don't like the way he looks.（負け惜しみのように聞こえるかもしれませんが、私は彼のルックスがきらいなのです）

197 ★☆☆

The Manifest sucks.

ザ　マニフェスト　サックス

マニフェストはサイテー。

Manifest の原義は「手（**mani**）で取り押さえられた（**fest**）⇒現行犯でつかまった⇒明白な」であり、政治家が用いるマニフェストは、明白でなく、中は真っ白で、空虚なものが多い。

政治家の使うマニフェストは、**manifestation**（示威運動）のことだが、公約のつもりで使われるものだから、大衆は惑わされる。公約を破り続けた民主党が掲げたマニフェストは、まさに最低だった。英訳すれば、**It sucks.** だ。**That "manzai" sucks.**（その漫才は最低だ）のように使う。

Hatoyama isn't bound by his pledge.
私ならこんな英語を使う。カタカナ英語を警戒するからだ。

198 ★☆☆
We're dumbing down.
ウイア　ダミング　ダウン(ヌ)

教育はレベルダウンしている。

　レベルは和製英語。レベルアップと共に国際的に通じない。レベルアップを **level up** と英語に置き換えると、デコボコの地面を平らにすることになる。正しくは、**improve the quality of education** となる。日本人が使うアップは、たいがい **improve** を使えば通じる。イメージアップは、**improve one's image** である。

　問題はレベルダウンだ。直訳すれば──いや直訳するべきではない。正しい英訳は **dumb down**（知能低下）である。今、グーグル・ビデオでイルミナチ特集を聴いている。

The Illuminatis is dumbing you down.

（イルミナチは、教育のレベルダウンを続けている）。

　低俗なテレビ番組も **dumbing you down** する。だから、インターネット番組に期待を寄せている。私は滅多に日本のテレビを見ない。見てほしかったらレベルアップしろ。**Improve it.**

　ところで、マーシャル・マクルーハン（カナダの哲学者）に言わせると、テレビはクール・メディアで、ラジオはホット・メディア。では、インターネットで特定の視聴者に語りかける、**narrowcasting**（**NONES** の『**TIME**』を読む）の場合はどうなる。**WATCH TIME** と **Power English** は、クールに近いが、サムライ・トークでは、ラジオ以上にホットに語りかける。ときにはアルコール（酒、泡盛等）を飲みながら、ホンネトークする。飲んで英日両言語を同じ調子で語るのは、**ICEE** の水検ではなく、"酔検"（私の造語）だ。酔っていても、**dumbing down** だけは、絶対に許さない。

199 ★☆☆

I was naive.

アイ　ウオズ　ナイーヴ

若気のいたりだった。

　字面を追えば、**a young fool. I was young and foolish.** で十分通じる。しかし、ここでは敢えて **naive** を使った。この形容詞は、日本では誤用されてきた。カタカナ英語が罪づくりだった。オックスフォードの英英辞典で調べると、

　lacking experience of life, knowledge or good judgement and willing to believe that people always tell you the truth.

　（人生経験、知識、良き判断に欠け、人は常に本当のことを言っていると信じようとする）とある。

　まさに能天気。そう、人から「センセイ、能天気はどう英訳すればいいのですか」と問われると、日本語のナイーヴじゃなくて、英語でいう **naive** です、と答える。

　I was a young fool. というよりベターだ。どうしても「若気のいたり」といった無邪気な一面を活かしたいなら、**sort of** をくっつけたらどうだろう。**I was sort of naive.** と。

　I was naive──sort of. といえば、「若かったあの頃は──なあーんちゃって」と、ちょっとした「間」で意味はコロッと変わる。

200 ★☆☆

She's *the* woman.
シーズ　じ　ウオマン(ヌ)

彼女が話題の女だ。

話題のプレイボーイがいる。ゴルフのタイガー・ウッズでもいい。「彼が見染めた、次の女はだれだろう」と噂は広がる。「彼女が本命だ」これが、**She is the one.**

one of the girls he loves ではない。「まさにあの女性なのだ」という意味。話題の女性という場合──たとえ評判が悪くても──でも **the woman**。

シャーロック・ホームズのシリーズの中で、**The Woman** というエピソードがある。音声を耳にすると「じーウオマン」と意味あり気に述べられていた。

噂の女も **the woman**。

噂にならない女は、**a woman**。

201 ★☆☆

That was then.
ざツット　ウアズ　ゼン(ヌ)

あのときは、あのとき。

よく使う。ついでに、「今は今」（**This is now.**）も覚えておこう。
I believe in here and now.

（私は「今」そして「ここ」しか信じないんだ）。これは現世主義。神道の **eternal now**（弥栄）とは違う。常若（とこわか）はもっと初初（ういうい）しい。**Forever young.** なのだから。

古神道は素晴らしい。最も宗教的でないからだ。

202 ★☆☆

I trusted you.

アイ　トらステッ　ジュー

信用していたのに。

　同じ「信じる」でも、人の言葉に限定するなら **believe**。言葉じゃなく、人間そのものとなれば **trust** だ。

　もう一つの違いがある。**trust** は未来に属することが多い。

Trust me. Nobody's going to hurt you. のように。

I believe you. とか、**I believe what you're saying.** と言われても **trust** されていると勘違いしてはならない。

I believe you, but I don't trust you.

「今晩は残業だったという言葉は信じてあげるわ、でもあの女（ひと）と付き合っていることを隠している間は、あなたを信用しないわよ」

　しかし、**believe** と **trust** がダブることもある。どうしても **believe** を使いたいなら、あとに **in** を加えればよい。

I believed in you. と。

　このように、現在形を過去形で返すのは、クロオビ英語の妙技だ。

Is she beautiful?
She was. Do you still trust her?
I (once) did.（信じていた時もあったけど）

203 ★☆☆

Money stinks.
マネー　スティンクス

お金は人をダメにする。

　マネーは権力につながるからだ。マネーは権力、パワーは人（異性）を寄せる。もっと欲しくなる。人が **greedier** になる。
　Power corrupts. Absolute power corrupts absolutely.
　私は、お金もパワーと同じく腐敗すると思う。
　Money corrupts. A lot of money corrupts a lot.
　これは私の英語。これでも結構通じる。**stinks** は映画で耳にした英語。これで通じるかどうかネイティブの意見にも耳を傾ける。英語力もパワーになると、人は尊大になり、オレはガイジンにも負けないぞ、と横柄になる。
　英語道は、**arrogance**（**hubris** とも）を戒める。金持ちの尊大なのも鼻につく。**stinking rich persons** のことだ。

204 ★☆☆

Doubt breeds suspicion.
ダウトブリーズ　サスピシュン

疑心は暗鬼を生む。

　『プログレッシブ和英辞典』は、Suspicion produces fear.
　『新和英大辞典』は、Suspicion begets monsters.
　私は、**Doubt breeds suspicion.** でいく。私は口語にこだわる、**debater** だからではない。**Devil** は、**Satan** の部下だから、まだ許せる。松本清張の制作意欲の源泉は **doubt** であったという。このダウトという **D** ワードが **Satan** や **Suspicion** という **S** ワードを誘い込むからだと思うからだ。

205 ★☆☆

(You got) what it takes.
ユガット　ワリッテイクス

（君には）素質がある。

　You've got でも You have でもよいが、素質とか器というときには、**what it takes**（ワリッテイクス）が無難だ。

　takes のあとに 1 秒以内で **to be an interpreter** ぐらいをくっつければよい。「世を騒がせる器」という場合でも **have what it takes to make it big** と **big words** を使わずとも表現できる。音読してみよう。口唇に覚えさせれば、とっさのときに役立つ。

　「どんなことがあっても、あきらめない」

　Keep it up, whatever it takes.

　Whatever it takes.（どんなことがあっても）は 1 秒英語として覚えておこう。

　さて、この「器」という英語を表わす言葉は何か。**What it takes to be ～**（～になる器）ではまだ軽い。

　その人の素質や資質というか **character** が問われる。**test one's mettle**（根性を試す）という表現もある。**mettle** は **metal** と同じように耳に響くが、この **mettle** とは、真骨頂のことで、**What you're made up with** のことだ。こちらの方が日常会話でもお勧めだ。

　『TIME』でも引用符付きで、この表現が使われていた。『TIME』からでも十分、日常会話が学べる。

　『TIME』を日本人英語学習者の身近な（**approachable**）雑誌にまで近づけることが、私のミッションである。

　これが志（**mission**）だからやる―― **whatever it takes.**

206 ★☆☆
The rich feel guilty.
ざうリッチフィールギルティー

金持ちはどこかやましいところがある。

　今のアメリカでは、スーパーリッチ・ファミリーが目の敵にされている。S語で攻撃されている。

　The rich stink. Money smells. They suck. という表現で、**They** とは、**stinking rich people** だ。グーグル・ビデオで、**Illuminati, Free Mason, Federal Reserve Bank** など聞いていると、これでもか、これでもかとビッグ・ファミリーが叩かれている。一日中かかるからリスニング能力のある人は、楽しくてしかたないだろう。

　英語道初段（**ICEE**）以上の人は、手を止めて、聞き入ってほしい。集中力の問題だ。二段三段と英語道のランクが上がってくると（日本人でほとんどいないが）、仕事をしながらでも **BGM** として学べる。英語ができれば（特に「読み」と「聴き」の能力があれば）楽しいぞ。

　しかし、それまでの道は多難（**bumpy road**）だ。この本を何度も読み直し、音読を続けてほしい。単に声を出すのみではない。私のいう音読にはリズムもメロディーも加わる。

　お金に戻ろう。マネーとは不思議なもので、渡す側は必ず、「些少ですみませんが」と **feeling guilty** の気持ちを表す。**Money is guilt.** とでもいえる。

　I am sorry.（すみません）。この発音では、心の中では、「これだけ払えばアンタの知名度以上の金額なんだから、感謝しろよ」と思っているかもしれない。本当に交通費だけなら、**I AM sorry.** と **am** にアクセントが入る。

207 ★☆☆

He knows his job.
ヒーノウズ　ヒズ　ジャッブ

その道のプロだ。

意外に訳せない。プロと聞くとすぐに professional を直訳してしまう。I know my job. とすれば、この道でオレはプロだ、となる。よく耳にする英語。

He doesn't know what he's doing.
アマチュアのことだ。He doesn't know his stuff. も同じ。

208 ★☆☆

Everyone listens.
エヴェリワンリスンズ

つるの一声。

正しくは、When he talks, everyone listens. となろうが、1秒にまで縮めるには、Everyone listens. だけでよい。いや1秒単位で「間」をとると、聞き手にも music になる。

when I talk…間…everyone listens と、1秒間隔の英語が話せる。
獅子吼（roar）を使う手もある。
A lion roars.
Women roar.
Tiger women roar, louder.
誰でも怖くて、耳を傾けてしまう。

209 ★☆☆

You're a good sport.

ユーアー　ア　グッ(ド)　スポー(ト)

さっぱりした人ね、あなたって。

スポーツマンでカラッとしている。

勝っても負けても、握手する。さわやか。ネチネチしない。そんな人を「さっぱりした人」と日本語で表記する。

しかし、その「さっぱりした」をどう表現すればいいのか。人はさっぱりわからないという。さっぱりした人という感覚は、さっぱりした茶漬の味覚を知らない外国人には理解できないのかもしれない。しかし、逆転の思考でいってみよう。スポーツ選手のマナーがそれ。

オレは負けていない、ジャッジがアンフェアだ、という負け惜しみの強い人は、**sour grapes** と呼ばれる。**a bad loser**（負けっぷりの悪い人）のことだ。さっぱりした人、つまり good sport は、すべて **a good loser** だ。

210 ★☆☆

Beggars are no choosers.

ベガー　ザー　ノウチューザーズ

貧乏ヒマなし。

Poor men are busy. では通じない。仕事のない人はヒマだ。だから私は、貧乏人を乞食（**beggar**）にまで落として、仕事が選べない――だから忙しくなる――と考えそのように訳してみた。

アメリカの連続テレビ『**The West Wing**』（ホワイトハウス）の中で、**Beggers have no choice.** を耳にした。近い表現と出会ってうれしくなった。

Coffee Break

　最近、私はインターネット TV 番組『TIME を読む』にニュース・キャスターとして登場した。

　30代の後半に NHK 教育テレビ番組を降りてから30年以上経って、やっとレギュラー番組にカムバックした。

　TIME 社がバックとなってくれた勢いで、NONES CHANNEL が菱研 TIME 大学の後援で始めた、野心的な番組だ。

　その中には、サムライ・トークという10分間のホンネ・トークがあり、ズケズケしゃべれるので、私としては大満足。NHK の番組『英語でしゃべらナイト』で視聴者に向かって、指を差し、「勉強しろ───」大声で怒鳴ったが、カットされた。このインターネット番組では、これぐらいのことを言ってもカットされない。

211 ★☆☆

You never know (till you try).

ユウネヴァーノウ （テイルユウチライ）

何事もやってみなくっちゃ。(試行錯誤)

You never know. は便利なことば。応用が利くから、しっかり覚えておこう。

「縁とは不思議なもの」との挨拶が同時通訳できず不意打ちを食らったことがある。もう26年前のことだが、あれからも考え続けている。One thing leading to another. とか、What can happen will happen. とかいろいろ考えたが、今は軽く、You never know…と1秒英語で逃げることにした。

「先のことはわからない」が You never know. とは…

till you try（やってみるまで）だから、試行錯誤（trial and error）の意味でも使える。

212 ★☆☆

Nobody listens to me.

ノウバリー　リスンズ　トゥーミー

周囲から無視されている。

無視だから、すぐに ignore と訳すのは危険だ。

人間の存在まで無視することは、人を犯罪者扱いすることだからだ。日本人が「無視する」「黙殺する」という場合は、必ずしも対象人物を村八分（ostracize）にするという意味ではない。むしろ「距離を置く」という意味で使われている。そんなとき Nobody listens to him. という控え目な口語調の表現法が役に立つ。overinterpretation よりも underinterpretation を好む通訳者なら、arm's-length という表現を使うだろう。

213 ★☆☆

Do you know what he is?

ドゥーユウノウ　ワットヒーイズ

あなたは彼の正体を知ってるのか。

　彼がどういう人物か、その人の肩書きをはじめ経歴については、知っているという場合は、I know who he is.

　「しかし、彼の人間そのものは知らない」は、But I don't know what he is. What he is made of（器）もお勧め。

　ところで personality は見えるが、character は見えない。personality は演者がつけるお面（ペルゾナ）のことで、誰の眼にもわかるが、人間の背骨にあたる character は見えないのだ。

　「あなたは、私の肩書きや、マスコミで書かれていることしか知らないか、本当の私（真骨頂）を知らない」

　日本語で伝えようとしたら、10秒もかかるが、英語は1秒。**You don't know me.**

　文脈によっては、「あなたは私をなめている」（You take me for granted.）と同じ意味で使われる。

　音読でもある程度、「英語の personality」は学べる。しかし、「英語の character」を学ぶには、速読や速聴による英語のシャワーを浴びることだ。

　本書は、私のこういったインプット体験から、ぜひ読者に覚えていただきたい例文ばかりを厳選したものだ。音読して差し障りのないものばかりだ。

　その判断の基準は、多読（つまり、速読）体験から、おのずから生まれた。

214 ★☆☆

What'd you want to be?

ホワッジュワナビー

子供の頃、大きくなったら何になりたかったの。

What did you want to be when you were younger (as a boy) ?

日本人の学習英語でもあっという間に3秒をオーバーしてしまう。ところが、**did** を加えるだけで、過去形になるから、**as a boy** は省ける。What did you を What'd you、そして want to を wanna となると、平均的なネイティブより早口になる。だからあまり勧められない。少なくとも3秒以内に縮められれば十分だが、この音読本の狙いは、リスニングの強化に主眼が置かれているから、ちょっと無理していただきたいのだ。

215 ★☆☆

Big boys don't cry.

ビッグボーイズドウントクライ

男は泣かない。

男も泣く。この場合の男は、**big boys** のことだ。

泣く（**crying**）は、子供や弱虫の専売特許だ。

しかし、**weeping** は違う。任侠肌の **big men** の強さ（仁や思いやりを含め）の証明にもなるのだ。

今の世の中、女が強くなった。**big boys** に代わり **big girls** の時代となったので、耳にする英語も変わってきた。

Big girls don't cry. （大人の女は弱さを見せない）の時代だ。
I'm a big girl. I can take it.
（私は強い女よ。がまんできるわ）

216 She asked for it.

シーアースクト　フォゥット

彼女の方にもスキがあった。

　セクハラの犠牲者は今も多い。誘惑にのった男もいけないが、誘惑した女もいけない。世の中はケンカ両成敗（**It takes two to tango.**）。

　そんなときに使う言葉がこれ。

　She asked for it.

　隙とはなにか、ちょっと発想転換して考えて欲しい。

　こちらは気にもとめないが、仮想敵にとってはチャンスなのだ。だから、**opportunity**（チャンス）になる。

　Don't give her the opportunity.（彼女にスキをみせるな）

　ある米映画に、たしかこんなセリフがあった。

　Sexual harassment is not an issue of sex; it's an issue of power.

　スキ（他者の眼から見れば **opportunity**）なんかではなく、力関係が決定されるということだ。

　女弁護士の発言だから、説得力があった。社会的知名度のある人の方が弱い立場に立たされるから、必ずダブル・スタンダードが存在する。

　いかに、セクハラ相手が憎くても、犯人がヤクザでは泣き寝入りしてしまう。もし弁護士に相談しても、逆に説教される。

　You're wrong.（スキを与えた、あなたの方が間違っている）いや、もっと強い強力な表現がある。

　You're badly wrong.

217 ★☆☆

They love you or hate you.
ゼイラヴュー　オア　ヘイチュー

君が好きな人と嫌いな人は真っ二つに分かれている。

　日本人は、**both A and B** で考える。好きな人でも、必ず嫌いなところもあるのだと、考える。英語的発想とは、**either A or B**——好きか嫌いかである。

　だが、日本でも個性の強い人は、敵と味方に分かれるものだ。同時通訳の練習で、訓練生をいじめる（教育のために）時は、**or** を使う。**They love me or hate me.** この英語を 10 秒以内で日本語に訳せれば、プロ中のプロだ。

　Mr. Matsumoto, you have such a big ego. They love you or hate you. という人がいれば、こう答える。

　You're wrong. They love me and hate me. と。

　これで笑ってくれるかな。

　ちょっと単語の勉強をしてみよう。

　love and hate をくっつけて **love-hate** とくくってみよう。

　They love-hate me. でも通じる。

　They have an ambivalent feeling toward me.

　ambivalent とは、相反する〔矛盾する〕感情を持つという意味だ。心理学では「両面価値的な」という難解な表現を用いるプロの通訳者は、これぐらいの語彙力が期待される。

　一言付け加えよう。私が世間の批判をあまり気にしないのは、ソクラテスが心の師であるからだ。

　たとえ、周囲を敵にまわしても、真理を貫き通した、孤高（**aloneness**）の人であったからだ。

218 ★☆☆

The buck stops with me.
ザバックスタップウエすミー

ここはワシの顔を立ててもらうぜ。

　この顔が訳せず、四苦八苦した。面子や顔が英訳できないのだ。**Don't embarrass me.** とか **Don't insult me.** とか **Don't make me look bad.** とか、ネイティブに通じる表現を考えたが、どうも面子のニュアンスが伝わらない。

　ところが中国語なら簡単に通じる。給我一個面子（ゲイウオイーガミエンツ）英訳すれば、**Give me some face.** だ。**my face** ではない。ただの **face** だ。

　「面子を失って恥をかかされた」は、去了面子（チューラミエンツ）となる。

　英語道を教えることは、面子ビジネスだという。英語をモノとして考えない。英語にココロがなくてはならない。人間力を英語に反映させる。いくら英語がペラペラでも、金髪の美人でも人を裏切るようなヤツは容赦しない。

　たとえ大学からクビにされても——それがメンツ・ビジネス。

　ガイジンに言う。私はサムライだ。サムライが面目を失うと怖いぞ、と。国際教養大学での第一回目の授業でそう言った。

With samurai, face is faith.

　メンツは信仰なのだ、と。これがキリスト教の信仰と正面衝突することになった。メンツは高くつく。

Face costs you a lot.

　この **cost** の中には、精神的なものまで含まれる。

You must be willing to pay the price for your loss of face.

　（面子を失ったことで払わされるツケ〈代価〉は高いぜ。覚悟はいいか）

219 ★☆☆
Did you pave the way?
ディジュー　ペイヴ　ざ　ウエイ

根回しをしましたか。

　根回しは root-binding と訳されているが、そのまま使っても通じない。**lay the groundwork for** 〜で通じる。

　しかし、裏で行われる交渉（**behind-the-scenes negotiation**）が含まれていないことがある。

　日本人もそうだが、根回しとは、敵情を調べ融け込んでいくだけではなく、味方にも気を配ることが大切だ。

　敵側の地ならしをしていても、運び込む木の根がしっかりしていないと、根回しは失敗する。

　Give your tree time to develop its roots. といいたい。

　もっと簡単に **Pave the way here first, there second.** ということか。

　スタンドプレイ（**grandstand play**）がアダになるときは、この根回しの準備を取り違えたさいに生じる。ウチとソトのバランスをとるのがいい交渉人だ。

　根回しを『新和英大辞典』で引いてみた。こんな例文があった。
「彼の根回しが功を奏し、その提案に対して反対論は、まったく出なかった」

　His efforts in building a consensus bore fruit and not a single voice was raised in opposition to the bill.

　入念に訳されている。これくらい格調の高い英語を使う人は、プロ通訳者になれる。

220 ★☆☆

Hibari-san, go easy on that.
ヒバリサン　ゴウ　イーズイーアンザット

ひばりさん、お酒はほどほどに。

お酒といっても、九州は焼酎。鹿児島はイモか麦。熊本には米の焼酎があり、琉球は泡盛だ。沖縄では、**Go easy on your Awamori.** だ。酒の勢いで、「リベンジだ（**I'll get even.**）」と言えば、「まあ話そう、ムキにならずに」と仲間が肩を叩いてくれる。

じゃー、**Another one.**（もういっぱい）

「どうせ悪銭なんだから、こんちくしょう」

悪銭は **easy money.** カモ（**easy mark**）にされたことが悔しくて、私もムシャクシャした時は、ひとり酒場でひばりの「悲しい酒」を聞く。私の愚痴も **easy listening** のつもりで聞いてもらいたい。

イギリスの女に、**Relax!** といったら、**You sound like an American. Improve your English.** と叱られた。英語の勉強をしろってさ。このオレをコケ（**easy prey**）にしやがって、こんちくしょう。**Another one!**

「お客さん、その椅子の足はゆるいので、**Easy with that chair. A leg is loose.**」

「おっとひっくりかえりそうになったな、これを英語ではイージーミス、つまり **easy mistake** っていうんだな」

「お客さん、英語では **careless** か **elementary mistake** っていうんですよ」

「わかってらい、わざと間違えたんだ。**It was an honest mistake.** ところで、あのねえちゃんベッピンやな。**She's easy on the eye (s).**」

こんな授業は、喫茶店じゃなくて、やっぱり大衆酒場か。

221 ★☆☆
Can I get another one?
クナイゲッラナざーワン

同じものをもう一杯ちょうだい。

　独り、酒場で飲む酒は――。美空ひばりの歌は、五臓六腑にしみわたる。もうひとつ熱燗（**make my sake hot**）と言ってから、同じ銘柄のものを飲み続ける。

　だから、**another** は、**one more of the same** のことだ。他の銘柄、いや焼酎に変えてよ、というなら **the other one** となる。食い物じゃない、飲み物だ――しかし「別のもの」というのが **the other one**。

　I won't marry another woman.
　（もう二度と結婚はこりごりだ）
　I won't marry the other woman.
　（愛人を女房にするなんて、やだやだ）

　意味はこれだけ違う。**the other woman** は、離婚せずに、囲い続けている愛人。日陰の女（ちょっと古いか）のことだ。

　The U.S.A. is fighting the other war.
　（アメリカは、こっそり裏で戦争をしている――**CIA** を使ったりして）

　「裏で」が **the other**。表の戦争をもう一発やらかすなら、**waging (fighting) another war.** だ。

　最近のアメリカ映画（題名は忘れた）の中で、**Another?**（おかわりは？）という英語を耳にした。

　1 / 2 秒の英語も結構多い。

222 ★☆☆

Don't make waves.

ドウントメイクウエイヴズ

和を乱さないように。

　日本の会社やグループで、働きたいという外国人に対するアドバイスは、やはり「和を乱すな」ということだろう。

　「波をつくる」（**make waves**）は、とにかくメディアで取り上げられるようなことはいけない、という意味だ。

　「よくわかった。このことはマスコミに知られないように。しかし、こういう社員向けのルールは、いずれ漏れる。だから、かえってまずい」

　アメリカで活躍していた日本の有名自動車メーカーが、セクハラ問題で大きなダメージを受けた。私もアメリカで調査したが、臭いものにフタという日本的体質が災いしたことを知った。

　企業だけではなく、学校（とくに大学）内でも、外聞を気にし過ぎると、ディベートが禁じられ、それが職場の空気を暗くし、社員の志気を鈍らせることがある。

　ディベートは「和」を強化するために用いられる。前向きな議論（**debate**）は、いい組織では奨励される——たとえヤクザ組織でも。これを釣り鐘効果という。

　親分が席を外し、子分だけの場を作り、徹底的にホンネをぶつけ合う。自分が子分たちに、どう思われているか、というホンネを聞こうとする親分は、いいリーダーだ。

　徳川家康、武田信玄も、釣り鐘の中でワイワイ、ガヤガヤさせて、後はゴーン。この「詔（みことのり）」に近い判決で「和」が得られる。

223 ★☆☆
Don't die on me.

ドウント　ダイアンミー

私を残して死なないで。

　映画で聞いた英語。眼の前で、恋人が撃たれる。死体にむかって泣く女。その言葉が Don't die on me.

　私の上で死ぬ？　腹上死かな？　映画の場面だから、そんなふうに誤解することはあるまい。on とは、その場から離れないという状況である。まだ身も心もくっついていないのだ。なんという残酷な死に方だろう。on は「上」ではなく、「ベターッと」いう意味。身も心もあなたと一緒なのに、私をひとりだけここに残さないでね、という悲痛な訴えなのだ。映画『ロリータ』にも die on one が使われていた。

224 ★☆☆
Don't ask. Don't tell.

ドウントエスク　ドウントテロ

見ざる言わざる聞かざる。

　日光の三猿を思い出す。英訳は、See no evil. Speak no evil. Hear no evil. となっている。しかし、それは正しいか。

　evil（悪）であれ good（善）であれ、あらゆる判断をシャット・ダウンするのが、知恵なのだ。そこに判断基準があってはいけない。では、英語ではどういうのか。よく耳にする口語表現を紹介したい。

　Don't ask. Don't tell. ならかろうじて1秒でいえる。

　よく耳にする英語（軍隊内でのホモの関係など）で、日常会話でも使えるので、5、6回声を出して読んでみよう。

第2章 「破」の巻 狙え Aim!

Coffee Break

㉔の校正をしているとき、ラジオでDon't ask, don't tell.という表現を耳にした。

共和党系のコメンテーターである、ラシュ・リンボーの番組だったと思う。

最近の『TIME』（菱研TIME大学でも取り上げた号、Oct. 25, 2010）にも出てきた、DADT Halted（見ざる聞かざるに「待った」）という見出しだ。

"Don't ask, don't tell," which bars openly gay men and women from serving in the military.

軍隊内でのホモ問題は知って知らぬふりをされていたが、「ほっかむり」「くさいものにフタ」という常識は、通用しなくなってきたというのだ。

「くさいものにはフタをしておけ」

という場合、Sweep it under the rug.

rugはじゅうたん。日本人の耳には、carpetの方が馴染みやすい。

とにかく、rとlの違いは、日本人の耳には入りづらい。

225 ★☆☆

Be on your own.
ビー　オンニュア　オウン(ヌ)

自己責任でやるんだぞ。

　難しい言葉を使うと、**accountability.**（法的責任、説明責任）**personal responsibility.** でもよい。もっとくだけると、**You gotta be on your own.**

　人は、この日本語は英語でどう言うのかと腐心する。しかし、私は英語のシンボルを学び、そこから日本語を考えてみる。

　この **be on one's own** を覚えておくと、**He's on his own.** がときには、「彼は一匹狼だ」と訳せる。**lone wolf** は、ちょっと淋しい。**single wolf** でもイメージできない。

　maverick（無所属の牛）といえば、政治用語。となると、わずらわしくなってくる。そんなとき私は、**big words** を捨てる。「私は一匹狼でいく」という場合、**I'll go it alone.** を使う。英語のシンボルを押さえれば、応用が利くのだ。

　I'm on my own. 一匹狼でもいいが、自己責任で行く、という場合にも使える。

　先ほど、**DVD** でこんな英語を耳にした。ある女性が言った。
I love him on my own.

　私**は**、あの人が好きよ、たとえあの人**が**私を嫌っていても、「は」と「が」の違いを説明するより、私の彼に対する愛は、後悔しないもの、つまり「自己責任」の愛──この英語の言い回しは斬れる。

226 No kiss of death.

ノウキサヴデス

褒め殺しはやめてくれ。

　Don't give me the kiss of death. は、1秒では少し、きついので、カタカナ発音記号も工夫してみた。

　「褒め殺し」とは英語でどういうのですか、と広い会場で質問を受けて答に窮したことがあった。色々と喋ったが、自分でもよくわからない。急場をしのげたが、内心じくじたるものがある。(feel guilty since)

　数年後、映画で知ったのがこの表現「KOD, kiss of death」。たしか、「L-word II」のテレビ・シリーズだった。なぜこの語が適切か。まず『明鏡国語辞典』を見よう。

　褒め殺し(誉め殺し)：[名]ほめちぎることによって、かえって相手を非難したり、不利な状況に追い込んだりすること。

　なるほど、「不利な状況へ」か。殺されることほど不利な状況はないだろう。

　『新和英大辞典』も参考になる。mockery (ridicule) by overpraising は決まり文句ではないが、おもしろい。

　a backhanded compliment. これなら使えそうだ。backhanded は、不誠実な(insincere)、意地の悪い(left-handed)という意味であるから、なんとなくわかる。

　しかし、日本人の褒め殺しはもっとストレートではないか。

　あいつにだけは、褒められたくないという奴が、マスメディアを通じて私を褒めたりすると、かえって迷惑(disservice)になるものだ。やはり、KOD だ。

227 ★☆☆

A decent income.
ア　ディースン(ト)　インカム

恥ずかしくない程度(世間並み)の収入。

「恥ずかしくない程度」とは、まあまあの、人並みの、世間並みの、という意味で日本人好みの表現だ。そのピタリの心情を表わすことばが、**decent**。

八代亜紀の歌う『舟歌』は、まさにこの **decency** そのもの。
「灯はぼんやりともりゃいい」
英訳しにくいが、阿久悠の、そして多くの古いタイプの日本男性の好みがわかる。

a decent meal（お酒はぬるめの燗がいい）
a decent woman（女は無口なひとがいい）

228 ★☆☆

What's the stick?
ワッツ　ざ　スティッ(ク)

じゃ、ムチの方針は。

日本人が交渉で使うアメとムチは、英語では、**carrot and stick**（人参とムチ）となる。英米人は、これを使い分けるのが巧い。大使館でも、外交のときは巧く使い分ける。

連続テレビ番組『ザ・ホワイトハウス』(英語では、**The West Wing**)の中にも出てくる。**What's the stick?** という質問は、なかなか日本人には思いつかないが、クロオビ志願兵には役立つと思ったから引用してみた。

The good news is…のあとに、**what's the bad news?** というフォローアップをかけることが、自然だと考える人も多い。

229 ★☆☆

You ain't seen nothing yet.
ユウ　エイン　スィーン　ナッセン　イエッ（ト）

まだ序の口だ。

正しい（文法的に）英語はこれ。
You haven't seen anything yet.（**3**秒以上かかる）
「日光を見るまで、日本へ来たといえない」と同様に、速読に挑戦するまで英語がわかったとはいえないのだ。

つまり、リスニングを強化するには、とてつもない情報量が要るのだ。速読と速聴から英語のトータルが大きくなれば、もっともっと総合的な力（スピーキングを含めて）が身につくのだ。

それぐらい実力のある有段者（クロオビ）なら、"**You ain't seen nothing yet.**"（ユウエインスイーンナセンニエット）と、くだけた1秒英語表現を使うだろう。二重否定は聴き手をさらに深く自分の懐へ入れることになる。ちょっとリスクかも。

ミュージカル映画『**CHICAGO**』を見ているネイティブなら、ドッと笑うだろう。

「まだ夜は浅いんだから」は、**Night is still young.**

「浅草へ行かなかったら、東京を見たことにならない」は、
If you haven't been to Asakusa, you haven't been to Tokyo.

もっと簡単に、**You ain't seen nothing yet.** と縮めることができる。

230 ★☆☆
Crime pays.
クライム　ペイズ

犯罪はカネになる。

有段者の英語は短くなる。哲学がある。
映画『Funny Games U.S.』の中で、
Beauty is money.
Both attract. Both invite trouble and tragedy.
こういう短い英語は書くことによって学べる。
私は、この映画を見ながら、すぐにメモに短文を書き留めた。

　Money and beauty, like English, aren't evil, but can turn evil, (if) mishandled.

これだけで、一時間ぐらいの英語の講演はへいちゃらだ。

　イエス・キリストは、剣で身を立てようとするものは、剣で滅びる（**perish by the sword**）と述べた。

　私は英語を剣と同一視するので、英語に心を奪われる（**sell out**）と、身を滅ぼしてしまうという信念の持ち主だ。これが英語道。

　Power corrupts. Beauty corrupts. English corrupts. ここまでくれば、高段者から名人に昇格する。

時間がかかっても、英語道は必ず実る。

「虚」ではなく、「実」を取るからだ。「虚」は短期決戦。散るのが早い。「実」は、根がしっかりしているので、散ることを恐れない。

　The way of English pays off.
「実る」を **pay off** で咲かせてみた。

231 Play by the rules.

ポレイ　バイざ　るう(ロ)ズ

素直になりなさい（人に嫌われないように）。

　素直は一言では英訳できない。**honest** でも **docile** でもピンとこない。「素直な奥さん」の英訳に四苦八苦したことがある。どう訳しても誤解されるからだ。東西の壁は厚い。そういう場合は、数学でいう補助線を使う。発想の転換っていうやつだ。

　素直でない人は、人の言うことを聞かない。

　素直な人は人の言うことを聞く。つまりルール（言いつけられたこと）をちゃんと守る。だから、形容詞を動詞に変える。次のように。

　The eldest son (daughter) plays by the rules.

　この公理がわかれば、応用が利く。

　I'm a second-born son, and I dare try to be different.

　二番目はルールに従わず、敢えて思い切ったことをする。リスクをとるが、**thinking outside the box**（カタにはまらない考え）ができるので、大物になりやすい。

　Discovery Channel が「闘争心」の特集をしたが、弟の方は **dare to be different** にならんとして、より **rebellious**（反骨心）な人間に育ってしまうという。四男の私もそうだな、と思う。ときに長男が気の毒になる。

　素直という抽象名詞をそのまま英訳せよと言われれば、私だって困る。

　You're not honest with yourself. とセンテンスで使ってみる。

　そこから、**emotional honesty**（自分に素直なこと）という言葉が生まれる。

232 ★☆☆

You're a run-away girl.

ユアア　らナアウエイガール

君はワケありだね。

ある若い女性がヨーロッパで勉強をするので、今からどんな英語の勉強をすればいいのか相談にきた。

コーヒーを飲みながら、どうも動機がはっきりしない。

「はき出しちゃえよ、その方が忘れるよ」

Let it out. And let it go.

と言って、話を引き出そうとした私は、ディベーターだから、引き出しの術に長けている。

あるネイティブと一晩のアバンチュール。男が燃えた。女はさめた。

男を断るためのいろんなウソの理由を言っても、相手は信じず、どこまでも追いかけてくる。そういう男から逃げるために、海外留学という。よくある話。

「それじゃ君はワケアリだね」

You're running away from something. と言うと、ムッとして黙ってしまった。

この英文では3秒を超えるので、**You're a run-away girl.** で手を打った。満足しているわけではない。

ふと思いついた。

She's hiding something. なんかはどうかな…

彼女がアメリカの女なら、You suck.（あんたサイテーね）というだろう。それぐらい元気があれば、ストーキングされることはないのだが……。

ところで、「彼女はワケアリだ」とか「彼女には過去がある」という場合、英語では She's got history. という。history とは、a story to tell のことだ。

そんな女から「先生の眼には、どこかカゲリがある」と言われたことがある。I see sadness in your eyes. と。

英語で聞いたわけではない。英訳したまでだ。「カゲリ」は、sadness でよい。

Wakeari girls, or runaway girls, have one thing in common; sadness in their eyes.

「カゲリ」は漢字で書くと、翳り。

このシンボルは、S語。

shady、shadowy ——そして shallow な sadness。

愛犬が私の暴走（離別）を食い止めるために、諫めようとして、殉死、いや諫死したことがある。

あれから私のカゲリは、今も消えない。

233 ★☆☆

I hate to lose.

アイ ヘイトウ ルーズ

私は負けずぎらいだ。

「負けずぎらい」は、hate to lose でもよいが、できれば I really hate to lose. と really を加えてみよう。

しかし、very competitive の方が闘争心（competitive spirit）を感じさせるので、勢いがある。

闘争本能とは、competitive instinct。

紘道館でこんなディベート論題を扱ったことがある。

「舛添要一は、彼の闘争本能ゆえに、首相になる」

Masuzoe Youichi will become Japan's PM because of his competitive instinct.

因果関係までも、事実論題として扱う紘道館好みの論題だ。

紘道館とは、ICEE を率いる私塾だから、常識（公）にとらわれない。事実（fact）に価値観（value）を含めてしまう。

"The Kodokan" plays its own game by its own rules.

だから、論題もその場で決定する。塾生も変化に強い。みんなが、competitive だ。大学生も competitive だ。

しかし、単位さえあれば卒業できる大学とは違って私塾は **competitive and cooperative** で、しかも **spontaneous**（自然発生的）なのだ。トップダウンでありながら、ボトムアップの精神を奨励する。だから「人間力」が試される。ICEE に関心のあるものは集まれ！ **Let's act out our competitive instinct.**

234 ★☆☆

Complainers'll ruin us.

クンポレイナズィル　ろウエナス

クレーマーが国を滅ぼす。

　基地問題がテレビを楽しませてくれる。マスコミ（**the mass media**）が、はしゃいで（**overreact**）、クレイマー（**complainers**）の意見ばかりに耳を傾けてオーバー報道（**play up**）する。マッチポンプ（**play both sides**）をしたりして炎上（**flame up**）させるのは、いつもメディアだ。日本のマスコミは、司馬遼太郎の言葉を借りると国民のムードだけを報道する。

　空気に逆らうディベーターは嫌われる。クレイム（苦情）の正しい英語は、**complaint** だよ、といっても耳を貸さない。マスメディアから耳に入った情報が正しいのだ。そっちの方が、ぜんぜん正しいのだ。ぜんぜん？文法が間違っていても、日本では通用する。それが「空気」なのだから。

　あるアメリカの女性が日本人の使うクーキは、**the tide** ではないかと語った。潮の干満には逆らえないからだ。ま、むずかしい話はやめて、英語の勉強をしよう。

　Complainers'll ruin us. L と R の発音に気をつけて、カタカナ発音（発声）記号に忠実に、3，4回音読してみよう。

　クンポレイナズィルろウエナス。コンではなく、クン。もっと低く、破裂音の P を生かすためにクンには低くなってもらおう。

　r 音だから舌の先をまるめて発音してみる。日本人にとり苦手な発音だから、聴きとるときも苦労するのだ。英語のリズムは強弱強弱。日本語の高低ではない。第1アクセント、第2アクセントで学んだ日本人学生も、強弱に置き換えてみてはどうか。**international** (intənǽʃnal) を**イ**ンタ**ネ**ショノと、呼吸を使い分けることだ。高低から強弱へ。

235 ★☆☆

Play your gut.
ポレイユア　ガット

ヤマ勘でいけ。

直感は intuition でいいが、gut reaction の方が絵になる。

gut とは（幽門から肛門までの）消化管や腹（bowl）の中のことだ。gut は、内臓、はらわた（bowels）となる。

そして複数の guts となると、ガッツつまり勇気になる。よく使われる gut reaction には s がなく、ある人は腹芸的感覚と訳を入れている。

腹とは「空」のことだから、gut に近い。「虫のしらせ」は、feeling in one's gut である。

このように、s が付くか付かないかで、意味が変わる単語がある。a man of nerve は、「ものおじしない男」とか、「大胆な男」という意味でもある。She's all nerves now.「今、彼女はピリピリ（神経質）になっている」

「ヤマ勘を働かす」は、play one's gut. ときどき洋画で耳にする、Follow your gut. より play your hunch. の方が上品だろう。息だけの問題だ。

同じ 1 秒英語でも、よく使われる英語表現を加えておこう。

Follow your heart.

発音してください。F が弱いな…Follow me.

普通の日本人の耳には、パローミーと聞こえる。それほど破裂音の f は強いのだ。

236 Uglies work harder.
アグリーズ　ワークハーダー

不美人の方がよく働く。

　Uglies work harder. で1秒。3秒まで伸ばすと、Bad-looking women are harder workers. がよい。小説『Malcolm X』の中で見つけた表現だ。私の訳ではない。不美人（**not-so-good-looking women**）は大都会向き。英語も長くなる。

　大阪では、「ぶさいく」とか「ブス」が使われている。ブスの方が吉本興業ではモテることを知っている。

　大阪時代、社員（男）同士で飲みながら議論をしたものだ。会社は美人を雇うべきか、それとも不美人（ブス）を選ぶべきか。これが燃えるのだ。「美人か不美人かどちらが幸せか」。

　今でも女・紘道館ではこんな **touchy** なディベートのテーマを選ぶ。大阪ではとくに盛り上がった。ディベートの訳が究論だから、必ず丸く納まる。結局、ふつうのルックスの人間が一番幸せ──みなさんのように──と締めくくると、必ず全員が納得する。しかも笑いで幕が閉まる。

　Beauties are choosers.（美人は選べる）
　Uglies are no choosers.（ブスにヒマなし）
　は必ずしも正しくないことをディベートが証明してくれる。

　ディベートのない英会話は、おつまみのない酒のようなもの。酔えない。いやクロオビ（有段者）にとり英会話（**spoken English**）とはディベートそのものかもしれない。

237 ★☆☆

I wouldn't, if I were you.

アイウドウン(ト) イフ アイワーユウ

私があなたならやらないわ。

1秒英語は、突如としてネイティブの英語のスピードを上回ることがある。たとえば、この例題だが、文法的に正しくいうのは、**If I were you, I would not do it.** となる。これを1秒以内に縮めると、少しムリをする。少しムリをする（コツコツじゃなくて）のが私の流儀だから、我慢してついて来て欲しい。

ちょっと練習。
「ぼくが嫌いなの」
「嫌いだったら、ここにいません」
I would't be here, if I did.
if I did を省いてもよい。**wouldn't** と聞けばピンとくる。
──クロオビであれば。

第二次世界大戦で日本が勝利を得たなら…。**There's no might have been in history.**（歴史に **if** はない）そうだろう。

しかし、敢えて私が勝者のリーダーであったら、アメリカの軍人リーダーを軍事裁判にかけたりはしないだろう。武士は面子を重んじるからだ。

その無念の気持ちを、次のコーヒー・ブレイクで英文の詩の形で綴ってみた。オバマ大統領の目に止まった作品だ。

これが直後の彼の「核なき世界」発言に影響を与えたかどうかは、確証がない。

しかし、私の詩は何らかのボディー・ブローになったはずだ。音読していただきたい。

Do us poetic justice.

Hiroshima was A-bombed
We thought that was enough.
Wrong. Nagasaki was A-bombed again.
They thought an A-bomb wasn't enough.

We lost the war, lost the flag.
We didn't hit back. We just apologized.
"We're sorry. Won't happen again."
They won the war, and proudly said. "We're glad
The A-bomb saved more people's lives."
Which lives? Their lives.

We were sad and cried. They were glad and laughed.
We gave up our tradition. They gave us democracy.
Everyone thought the war was over.
Wrong.
They gave us military tribunal.
"You had this coming." Military justice got us.
We lost face. We had none to defend our case.
Patriots were hanged as criminals. Humiliated.
Killed again in the name of humanity.

We pleaded, "Your honor, is this revenge?"
They said, "No. Justice."
Why? Because they won the war.
We don't want military justice. We want poetic justice.
Poetry doesn't kill. Poetry heals. Justice kills. Justice doesn't heal.

Justice kills, Poetry heals.
Justice kills, Poetry heals.
A poetic apology from a President of the United States would heal me, the Japanese, and those who seek a nuke-free world

from a poet with a wounded pride.

— a poem by Michihiro Matsumoto, SAMURAI poet —

第3章 「離」の巻
射(う)て Fire!
── Outside the box ──

238 ★★★
I'll see what I can do.
アオスイー　ワットアイキャンドウ

善処します。

「善処します」「前向きに検討します」は、ともに通訳泣かせの難訳表現だが、この1秒英語を覚えておくと、とっさの時に役に立つ。

日本語で表わせば、10秒以上かかる表現でも英語では、意外に1秒で言えることもある。表題1秒では少し苦しいが、同意の I'll see about it. なら確実に1秒以内に収まる。

近い表現で、I'll manage. とか I'll see to it. などある。I'll do my best. では言質を与えてしまい、後に深刻な外交問題に発展することになりかねない。

その反対に、プロ通訳者なら、書き言葉を使い、カッコをつけて、中味をぼかすだろう。to the best of my ability と big words を織りまぜるだろう。What can a dollar buy? より、What is the purchasing power of the U.S. dollar vis-à-vis…の方がカッコよく聞こえるからだ。

vis-à-vis（ヴイザヴィー）は、「向かい合って、相対して」という意味で、ちょっとフランス語を混ぜるだけで格調が高くなる。

逐次通訳者には、これぐらいの語彙力が必要だろう。

239 ★★★
Don't cross the line.
ドウン(ト)　クらスざライン(ヌ)

道を外すんじゃないよ。

　道は the road, the path. しかし、東洋人の使う「道」は行を通じて昇華されるので、the Way という big word を登場させることになる。英語を学ぼうとする意欲が、「道」という言霊により、そがれる人もいる。

　英語道（The Way of English）となれば、ちょっと抹香臭くなるので、読者から敬遠されそうだ。しかし、The Book of Five Rings（『五輪書』講談社バイリンガル・ブックス）の訳者である、William Scott Wilson は、英語道の英訳は、The Way of English しかないという。

　私にはわかっていた。「やっぱり」（I knew it.）と思ったが、権威づけのために、ビルの名前を加えた。読者も少しは安心するだろう。

　翻訳者のサイデンステッカーは、日本文化は、「道」があるうちは滅びないと予言した。もし私が、英語学習の哲学を「道」から「術」に変えて、「スミマセン、ぼくが間違っていました」と謝罪すれば、読者はどう反応するだろうか。Mr. Matsumoto crossed the line. と怒りを顕わにするだろう。道が一本の線になる。

　line は、ラテン語 lineus（リンネル）から来ている。リンネルの糸が原義だから、柔らかいが、粘りのある強さを感じさせる。

　だから、境界線（divining line）として用いられるのだろう。

240 ★★★

Shame you can't (reuse it).

シェイム　ユウキャン(ト)　りユーゼッ(ト)

再利用できないなんて、もったいない。

「もったいない」はすでに述べたが、日本語のもったいないという R-words（reduce、recycle、reuse をまとめると「もったいない」になる）を一言で英訳することは難しい。

何度も外国人と話し合ったが、shame とか too bad という、日本人にとって使いにくい英語が飛び出してきて、どうも波動があわない。日米間ではコンセプトがまるっきり違う。

消費が GDP を伸ばすから、使え使え、払え払えという資本主義的発想は、日本という精神風土には育たなかった。自然を破壊しても、後ろめたい（feel guilty）という感覚はない。

だが、さすが周囲の眼は気になるのだろう。だから、shame。It's a shame they've felled all those tropical trees. のように、It's a shame…という構文が使われる。

しかし、映画なので耳にするときは、It's a まで省かれ、いきなり shame が出てくる。

It's too bad (that) the rain forest isn't preserved.

という構文も覚えておこう。

東北の被災された皆様へ、励ましの R 語を送ってみよう。

Renewal（『TIME』が使った）

Rise from the ashes（広島っぽくなるか）

Resurrect（甦れ）…クリスチャンぽくなるか

Rejuvenate（若返れ）

(spiritual) Rebirth（再生）

241 ★★★
Make a difference.
メイカ　デファレンス

世の中の役に立て。

「世の中に貢献したい」は、contribute to society ではピンとこない。ビル・ゲイツぐらいの富豪ならいざ知らないが、英雄気取りの若者や、世界平和をコーラスでアピールしたい歌手たちが、「世の中を変えたい」という気持ちで、We'll change the world. と英語で言っているのを聞いていると、妙な気持ちになる。この人は誇大妄想狂か、それともテロリストかと。

change とか turn around は、まさに革命思想だ。

マルコム X のような命がけで、しかもひとりで権力構造に歯向うならまだしも、外国語の不自由な人たちが、世界の舞台で核廃絶をさせようとしてもムリだろうな。オバマ大統領だって陰の政府に縛られて、身動きができないのだから。

だから、やるな、とはいっていない。もっと勉強して欲しい。そしてもっと謙虚になってもらいたい。具体的に？　そう、Change the world. を make a difference に変えよう。「世間の空気を変える」「一隅を照らす」なら、静かで、より深く、より効果的だ。

社会に還元する（give back to society what we received from it）行動そのものは正しい。英語も正しい。しかし、その日暮らしの若人たちが、どのように社会に還元できるというのか。そう空気を変える。それなら私もできる。私と一緒にやらないか。

Let's make a difference together.

「いやオレはマツモトには従わない。チェンジ・ザ・ワールドを使い続ける」という人もいよう。じゃ、妥協して、こう言えば？

Let's change the world for the better. と。

242 ★★★
Play hard to get.
プレイ　ハード　トウ　ゲット

つっぱれ（自分を安く売るな）。

　「つっぱる」人はどこか、自分を高く売り込もうとする。得難いようにふるまう（play hard to get）はよく使われる英語表現だ。母が娘に「声をかけてくるどの男とでもつきあっちゃだめよ」という忠告も、**Play hard to get.** である。他の人から見たら「彼女はツンとしている」（**She plays hard to get.**）となる。東京はそうだろうが、大阪は違う。

　その反対に、ツンとしないで、自分の値段を下げるのが大阪。
Play soft to get.

　私の英語だが、アメリカの知日派ジャーナリストに聞いたところ、大阪人の気性ぴたりの表現だとほめてくれた。「ワシも、英語がヘタや。せやから、ガイジンの女にもてたことおまへんねん」とか「だまされた、ウチがアホやった」という表現も **playing soft to get**。近づきやすい存在だ。だから大阪の友人（女も）から、「センセの本、むつかしいわ。だれも買うてくれへんで」と苦言を受ける。

　私が浅草で買った蛇革のベルトを見た、東京の人は、
「先生おしゃれなベルトですね」とほめてくれる。
They are polite but not very truthful.
　しかし、大阪人、とくに柔道部の旧友は違う。
「趣味の悪いバンドしめとるのう」と。
He's not polite but brutally truthful.

243 ★★☆
He's one of a kind.

ヒーズ　ウワンナヴァカイン（ド）

彼はユニークな存在だ。

unique は、the only one of it's kind のことだから、まさに奇貨。諸葛孔明は the only one だったのだろう。

47歳の劉備玄徳にとり、27歳の諸葛孔明は、三顧の礼を尽くして雇い入れたいほどユニークな、いや unique な存在だったのだろう。

彼女をほめるつもりで、You're unique.（他にいない）といえば、白々しい。個人的に気に入ったなら、You're special. を口説き文句として、勧める。

244 ★★☆
Takes one to know one.

テイクスワン　トウノウワン

わかる人にはわかる。

大物には大物がわかる。英雄には英雄がわかる。

プロにはプロがわかる。すべて次のフレーズでオーケー。

It takes one to know one. It を省けば確実に1秒以内に収まる。one をウワンヌとはっきり発音せず、カタカナのワンで通じる。息の無駄をなくすためだ。

しかし、この表現は、深遠なのだ。だから有段者向けの表現といえる。

Coffee Break

　音読といっても、従来のように学校教材の全てを音読して丸暗記する必要はない。ここが國弘正雄氏と意見の違うところだ。氏の説は正しいが、それは時代が生んだ思考形式が違うだけのことだ。音読が大切なことは言うをまたない。

　固定は死。音読の内容を考えよう。

　もう一度強調する。英文の内容（時代考証を含め）や、英語のアクセントやリズムを無視して、すべて英語を丸暗記することは反対だ。

　SHE is a woman.（他の女は別として彼女だけは女だ）
　She IS a woman.

　（彼女はセックス・チェンジして男に見せかけているという人がいるが、あれでもれっきとした女なんですよ）

　She is *a* woman.（彼女はどこにでもいる女だよ）

　——*a* はアではなくエイと発音しよう。the woman となれば、彼女こそ話題の女性、あるいは一人しかいない女の中の女という意味にかわる。

　She is a WOMAN.

　（となれば、彼女は男ではなく女なんだ）

　以上、4つのケースにアクセントを置きながら、状況の変化をイメージしながら音読してみよう。それぞれ5回ずつでいいか。

マーク・トウエインは、I'm not an American; I'm *the* American.（私はそんじょそこらのアメリカ人ではない、私こそ代表的なアメリカ人だ）と言った。
　グーグル・ビデオで耳にした斬れる表現だ。すぐに、私も英作してみた。
　I'm not a Japanese; I'm *the* Japanese.
　（私はどこにでもいて目立たない日本人じゃなく、私こそ、代表的な日本人だ）。
　急に突っ張ってみたくもなった。
　やっぱり私も凡人（a Japanese）だったりして……

245 ★★☆

Accept yourself.
アクセプチュアセオ（フ）

（今の）自分に満足せよ。

「私もっと美しくなりたいの」という女性に向かって投げる言葉、Accept yourself.（そのままでいいんだ君は）となる。

しかし、プライドの高い女性は、「その顔でガマンせよといわれたのではないか」とむくれるかもしれない。

母はよく、「上向いて暮らすな。下向いて暮らせ」とよく言っていた。同じく明治生まれの父の言葉をかたくなに守っていた、律儀な母だった。この真珠のような言葉も、1秒英語に翻訳すればAccept yourself. となる。

246 ★★☆

Pros give it 120%.
プらズ　ゲヴェットハンドれッドトウオニー

プロは全力投球だ。

アマチュアは、百点満点を最高点と考える。プロはその上を目指す。だから100パーセントより、120パーセントだ。

私もそういうモットーを続けている。I give it 120. と平気でいう。percent を切ったら、確実に1秒で言える。成功の秘訣は、Do more than paid for.（報酬以上の仕事をせよ）という。ナポレオン・ヒルが言っているのではない。成功者の人のほとんどがそう言っているのだ。未成功者の私でも同じことを言っている。これを、The Law of Increasing Returns という。

本書でも、その哲学を実践（証明）しようとしている。

247 ★★☆

I can't get over that yet.

アイキャント　ゲットオウヴァー　ゼット イエッ(ト)

あれがトラウマになった。

　トラウマは trauma のことだが、私は big word を好まない。映画のシナリオライターも big word は好まない。耳に friendly な1秒英語に対するこだわりがある。

　根回しの途中で、仲間から裏切られて、海外企画がパアになったことがトラウマになった。だから、海外より国内の根回しが先だと知ったことは、いい勉強になったはずだ。だけどあのときの傷がまだ疼く。I have suffered long-term psychological trauma. と呻くように語りたい気持ちはわかる。だが英語はもっと短いセンテンスで、息継ぎをうまく使いサラリと言った方がよい。

　I was stabbed in the back.
　My overseas project went up in smoke. Just like that.
　Can I forget about it? No, I can't.
　I can't seem to get over that yet.

　1秒英語を並列すると、呼吸がラクである。psychological trauma という big word を使うより、I'm hurt. とか、That hurt me. とトーンダウンした方が味方をつくりやすい。なぐさめてくれる。そして、あなたも「ようし、乗り越えてみせる」Yes, I'm getting OVER this. Thank you. といえる。暗い人間は周囲も暗くさせる。

248 ★★☆

Equal but separate.

イークオ(ロ)　バット　セプれイ(ト)

差別しているんじゃない。区別しているんだ。

　このセリフがノドから出そうになっているのに言えない人が多い。しかも、1秒以内にとどめよ、といえば困るだろう。
　Equal but separate. は、5、6回の音読で覚えてしまおう。
Equal といえば、だれも反対できない。しかし、そこにも序列があるんだよ、という場合にこういう。

　Some people are more equal than the rest.

　なんとユーモラスな発言。映画化された小説『Animal Farm』が最初使った表現で、よく英文雑誌でお目にかかる。
　ちょっと練習。「けじめだけは、はっきりさせておこう」

　Remember this: Equal but separate.

　日本人がディベートを敬遠するのは、ロジック以前に定義を嫌う精神風土があるからだ。
　『TIME』誌は、日本人が使う草食系人間を herbivores（草食動物）とそのまま使っていた。
　狼男（wolfman）を自認する私は、間違いなく a carnivore だ。
　最近読んだペーパーバック『The Wolfman』からヒントを得て私のマニフェストを創った。

　Forever hungry, Forever hunting.

249 ★☆☆

He just gives back.
ヒー　ジャス(ト)　ギヴズ　ベッ(ク)

彼は義理堅い男だ。

「離」の段階の人は、思考も柔軟になっているはずだから、義理と聞いて、和英辞書に手を伸ばすはずはない。まず常識（辞書は正しいという）という枠を越えて、創造的に(creatively)考えるだろう。

Thinking outside the box の応用をしてみよう。

give のシンボルは、与える、そして譲ること。

日本人の「互譲」の精神とは、the spirit of give and give。

こちらが率先して、give（与える）すれば、相手も give（与える）してくれる。take はないというのが、二宮尊徳の"互譲"(mutual give) のこころである。もらったものや借りたものも、きっちり返すという行為は、give back に他ならない。

『Lie to Me』という私好みのリアリティー・TV シリーズの中に、こんな軽いが、内容の重い表現がでてきたので感動した。頻度数は少ない（多いのは、「守」の段階で扱った）が、使えば血の出るような表現が「離」の1秒英語には多い。

星数から離れて、めっぽう斬れる英語表現も映画から学べる。

pay forward（結果を期待せず、先に払う）がそれだ。私はこれをアメリカ版の"陰徳"だと感じた。

もっとも「仕返しをする」という意味で、pay back を使えば、攻撃的になる。

問題は、pay forward. 先に(forward) pay するという積極的行動には、打算がない。これを私は「陰徳を施す」と訳した。これも Thinking outside the box。

250 That's big of you.
ザッツ　ビッグアビュウ

太っ腹だね。

「オレには、日本各地に尽くしてくれる女がいる」と大風呂敷を広げたことがある。40代の頃の男にしては、ハッタリが強すぎた。相手のアメリカ人の男（同じぐらいの歳だった）が、

You're B.I.G. と唸った。

私の **big talk**（はったり）にオーバーに反応したが、心の中で"**Liar.**"（ウソつきめ）と思っていたのかもしれない。

太っ腹は、**big stomach** ではない。**big heart** に近い。太っ腹は **big-hearted**。通常は **big** だけで通じる。

たまたま『DAMAGES』(シーズン2のNo.4)でこの表現を耳にしたとき、これなら使えると思った。

あまり、ほめちぎられると、何かウラがあるのかな、と考えてしまう。

そんなとき、"**What's the catch?**"

（何がねらいなんだい＝おだてても何ももらえないよ）

と一言加えてみてはどうか。

He's a big liar. とか、**He's gotta big mouth. (He talks big)** は、ホラ吹きに近い。

イギリス人なら、**a fantastic liar** とちょっとひねった表現をするかもしれない。**a pathological liar**（病的なウソつき）は、**big** な人間ではない。

とにかく、イギリス人からみると、アメリカ人は **big** という言葉の好きな国民に映る。NY が **big apple** なんだから。

251 ★☆☆

Slow (ly) but sure (ly).

スロウ(リー)　バット　シュア(リー)

コツコツ。

英語の勉強はコツコツ。これは定番だね。

私はちょっとムリしろという主義だ。音読の「行」を積むと、やはりコツコツとなる。slowly…but…surely と、1秒ごとに発音すればラクになるね。ひと息で slow but sure. を数回発声してみよう。

コツコツじゃなく、ちょっとムリしよう。
Try a little harder.

252 ★☆☆

That got me.

ザット　ガットミー

あの一言でグラッときた。

「君が必要なんだよ」と言ったあの一言が、彼女の心をつかまえて、あの人の生涯のパートナーになったんだ。

That got her. ガット、ハーだが、ガラー（**got'er**）となると日本人で聞きとれる人はいなくなる。ただし、外国生活の長い日本人なら聞きとれる。

この深ーい内容が、たった一つの他動詞 **get** で言い表せるのだ。**get** のあとに **to** を使ってもよいが、**get** だけの方が短く、それだけインパクトが強い。

253 ★☆☆

Looks matter.
ルックス　マター

ルックス(顔)が物を言う。

　政治家には顔が要る。こちらはルックスでなくフェイスだ。政党にも顔が要る。これも **face**。この **face** は面子やプライドにも化ける。しかし風俗ビジネスでいう、顔はルックスである。

　Looks are important. ホストクラブでは、顔が命だといわれている。いや都会では、誠実な人より誠実に見える人が勝つようだ。

　"**You need not be honest in big cities, but you must look honest.**" ルックスは変わる。**matter** はそれほど **big word** でもない。**Size matters.**（規模が物を言う）とか **Money matters (talks).** とか斬れる1秒英語は山ほどある。ココロは大切だが、モノも大切というなら（**Spirit matters. But…** の後）**Matter matters.**

　これはクロオビ英語だ。

254 ★☆☆

That's a double standard.
ゼッツア　ダボ(ロ)ステンダ(ド)

そりゃタテマエだろう。ホンネじゃないね。

　今しがた **FOX NEWS** で耳にしたのが、**double standard**。人気キャスターのハニティーがイスラム世界のダブル・スタンダード（二重基準）にメスを入れる。「イスラムってのは、経典によれば平和を愛する文化じゃないのか。それなのに、テロリストを養成している。**Isn't that a double standard?**」二重基準といっても、これはウソではなく、ましてや違法なんかでもない。ホンネとタテマエの乖離のごとく許せる範囲のウソだろう。

255 ★☆☆
What goes up must come down.
ワット　ゴウザップ　マストカムダウン

人生、山あれば谷もある。

　山高ければ、谷深し。これは株式市場の格言。株は fluctuate するものだ。人生も同じである。

　今、テレビを耳にこの原稿を書いている。若手芸能人が集合して、島田紳助に質問する。ぼくたち若手の芸人がこれからどうやって食べていけばいいんですかと、紳助に切実な質問をする。

　紳助の次の返答がグッときた。

　「最初からうける人間は本物やない。マスコミに見離されて、いったんドン底に落ち込んで、それから這いあがってくるやつがホンモノや」

　What goes up must come down. これなら常識だ。

　ところが上方芸人のすごいところは、What goes down must come up. と開き直るところだ。NHK テレビから降りて、悲運の時代が続き、70歳を越えてからこの本を書いている。come up を考えている。a come-back kid を夢見て。だれが決めるのか。本物（real stuff）かニセ者（a fake）か。

　これからの人生で私が試されようとしている。

　My life has just begun.

　そして今は、こじんまりした NONES というインターネット TV 番組のニュースキャスター。

　Yes, I'm coming up again.

256 ★☆☆

Everyone tolerates you.
エヴェリワン　タラれイチュー

君はみんなから一目置かれている。

　この英語表現は、「離」に達したクロオビ（有段者）しか、使えない。一目置くとは、周囲が「あいつのことだから」（**He can be tolerated.**）と目をつむってくれる。

　「読者よ、音読より速読をやれ」と言えば、今なら「あいつ（私）が言うんだから許せる（**Matsumoto can be tolerated.**）と大目に見てくれる。

　しかし、これでも――私は敵が多かった――今も多いが。

　國弘正雄先生の眼にも「生意気な男」と映ったに違いない。

I was young and foolish.

　今、たちばな出版というご縁を得て、國弘先生と私は根のところ――つまり道――で結びついていることが知られるようになった。

　國弘先生が只管朗読とおっしゃった時、道元の永平寺では、声なんか出せなかったはずなのに、とちょっとばかり抵抗したが、天下の國弘正雄のことだから、だれでも只管朗読に異議を唱える人はいなかった。

Mr. Kunihiro was tolerated by every English learner in Japan.

　LとRの発音に気をつけて、数回音読してみよう。

257 ★☆☆
Go glocal.
ゴウ　グローコ

グローカル化を目指せ。

「離」に到った人は、応用の利く、outside-the-box thinkers の人達だから、造語も得意である。

しかし、造語にも文法のルールがあることを忘れてはならない。それは「go ～」という構文だ。go の語義は「行く」だが、そのシンボルは「消える」ことだ。

つまり、コロリと姿を変えてしまうので、元の形は消してしまう。だから、化学的なのだ。

水は、水素と酸素の化学的結合であり、水と油は物理学的結合である。一身同体の「心中」は、化学的に結びついた結果、つまり恋仲の心中だから、二人の間には chemistry がある。そこに保険詐欺のようなゲーム思考が入ると、二人の関係は物理学的になる。

さて二人が一体となって消え、別の姿に化けるときに使う、動詞が go である。go international、go global（グローボ）、go local（ローコ）、2、3番目の global と local を混ぜ合わせたのが、glocal。発音はグローコに近い。携帯の mobile phone はモーボ・フォーン。

モービル石油はモーボロイロ。ロは聞こえないので、日本人の耳には、モーボ（ロ）響く、ノーベル賞は、ノーボ（ロ）・プライズ。肝油は鱈の肝臓の油で、cod liver oil ガッドリヴァろイロと耳にして、ピンとわかればクロオビ。

シロオビは、oil（オイロ）の発音もできないから聞きとれない。

笑いごとではない。英語を知っているということは、目で確かめてやっとわかることではない。耳で聞いて、発音ができて、使える、そして書けることだ。

258 ★☆☆

Accept his apology.
アクセプト　ヒズ　アポロジー

（本人も）謝っているんだから。

「ごめんなさい」とあやまれば、「いや私の方でも」と相手も腰を低くする。勝敗はここでチャラになる。この呼吸がわからない人は KY（空気の読めない人）。

しかし欧米人は、**I accept your apology.**（ゆるしてあげるよ）と、勝者の立場から謝罪を受容してやるのだと高く出る。この **accept** がなかなか日本人には使えない。日本語で「我慢する」「目をつむる」といえば、ちょっと場が暗くなる。それにしても、謝罪を認めない国の人も多い。

その謝り方が気にくわない、という場合もある。通常、**accept** は人の寛容を示す、いい言葉だ。禅の心は **Acceptance**（自然体）だ。「足るを知る」ことが大切なのだ。

クロオビ英語は短くて、斬れる。いや短いから、斬れるのだろう。

Mr. Matsumoto is a slave master. Lots of men and women slave for him.（松本先生は、奴隷の主人のようだ。多くの男や女を奴隷のようにこき使っている）今はそうではないが、昔はそうだった。

そんなとき、反論はせず、**Guilty as charged.**（その通り、有罪を認めます）と答える。

部下に向かって、**I'm sorry.** と言えば、今なら、**Apology accepted.**（水に流してあげる）と言ってくれるだろう。

259 ★☆☆
I'm a multi-tasker.

アイマ モルティテスカー

ぼくは、ながら族でね。

　multi-tasking という言葉は、複数のプログラムを同時処理するという意味のコンピューター用語から来ている。よく使われるのだ。それまで適訳探しに苦労したものだが、今なら誰にでも勧められる。

　a one-at-a-timer（同時に二つ以上のことができない人）ではなく、a more-than-one-at-a-timer と苦しまぎれの訳を捻出したものだが、コンピューター用語を使えば簡単だ。

　私の頭の中には、常時 30 ぐらいのプロジェクトが併行している。同時進行しているプロジェクトは、もっと少なくなるが——

　それでも自分は、a multi-tasker であることを自負している。大阪の商社時代に「ながら族」の修業をしていたことが、今も役立っている。

　集中にもいろいろある。断食中に読んだ原書にイメージ、パワーと集中力に触れた箇所があった。

　ヒンズー教の学者でヨガの行者が述べる。

　1. dharana——1 点に集中する

　2. dhyana——その点を持続させる

　3. samadhi——the union between the object and person

　集中とは、一つのことを考えて、一点に集中しながら全てを遮断することではない。それは、英語道でいえば初心者。

　有段者になれば、イメージ・パワーを身につけた、ながら族になれる。

260 ★☆☆
I got an itch (in my nose).

アイ ガラ ニッチ

（鼻が）かゆい。

通常、かゆいは **itchy** だから、**I feel itchy all over.**（身体中がかゆい）のように使う。ところが英語は、**itch** を名詞として扱い **get** を使うことが多い。**get an itch.**

もちろん、**get an itchy nose** でもよい。「鼻をたらす」は、**get a runny nose** だ。

このかゆさが、欲しくて（したくて）ムズムズする、というときに使われる。

If you get an itch to speak English with me, call me.
英語がしゃべりたくてウズウズしている相手には、**if** より **when** がいい。**Call me when you get an itch.** と。

261 ★☆☆
Let's go down together.

レッツゴウダウントウゲザー

お互いに堕ちるところまで堕ちましょう。

この英語表現は、「L-word」から学んだ。

女同士、男同士の差し違え、使う動詞は **go down**、地獄まで一緒よ。

Let's go down together. You go down, I go down. でもいい。高いところの相手を低いところへ引きずり降ろすことを **take down** という。**I'm telling you.**（ホンネでいっているんだ）**I'll take you down.**

Coffee Break

　英語とは不思議な動物だ。文章にすると化けるのだ。
　議論している相手に対しても、その点（今、耳にした）だけは譲るという場合がある。それが、I give you that. しょっちゅう映画で耳にする。不思議なことに、日本の英語学習者は give と get が出てくると、見えなくなる。
　英語は音声から学ぶべきという鉄則を、日本の英語教育者が外してしまったからであろう。ディベートの必要性を説く多くの人を世に出してきた。しかし中には、ディベートは全面否定だ。なにを言われても、反対すべきだ、というとんでもない論者が現れた、意見は全面否定してもいいが、事実まで否定しては、ディベート（クールな議論）がアーギュメント（ホットな口論）に変わってしまう。
　ディベーターが使う英語はこれ、I'll accept that for a fact. accept は「受容する」。that は「今、耳にした新事実」。そして、「（意見じゃなくて）事実として」が、for a fact。「として」だから as と早合点しないこと。
　I accept that for a fact. を 10 回。I give you that. を 1 秒以内で 10 回、音読してみよう。音読とは、玄米を噛むようなもので、噛めば噛むほど、五臓六腑が刺激され、身につく。
　英語の言葉だけじゃなく、思考、論理、そして思考のプロセスまで体内化できる。これが音読の効果である。

262 ★☆☆

May I have privacy?
メイ アイ ハヴ プライヴァスィー

ひとりにしてくれないか。

　日本は、ひとりになって考えたい（あるいは泣きたい）時は、「そっとしてやりたい」と察し合う文化だ。

　だが欧米社会では、その察し（**the sasshi** とそのまま訳すことがある）がわからず、**Why?** と聞く人がいる。しみじみと自分自身で、これまでのことを振り返ってみたいんだ、と言いたいが、そんな心情を表す英語もない。

　だから、**privacy** という、使いたくない表現を使ってしまうのだ。**I need a little time for myself.** でもいいのだが、やはり、使用頻度の多い、1秒英語を用いたい。

　刑事コロンボ（『Requiem for a Fallen Star』）は、**May we have privacy?** という表現を使っていた。

　We'll give you two some privacy.（二人をそっとしてあげよう）
　こんな表現をよく耳にする。
　「なぜ」という日本人は無粋（**uncool**）だ。
　しかし、外国人には多い。
　「ひとりになりたいって、**Why?**」
　そういう人には、欧米人にわかるようなロジックで返したらどうだろう。

　So I can move on.
　（前向きに考えるためさ）
　この日本人に使いにくい **move on** という英語が斬れるのだ。

263 ★☆☆

I'm not a picky eater.
アイム　ナッラ　ピッキーイーター

ぼくは食物に関して、好き嫌いはない。

デューイーという図書館のネコは、人を噛まない。そのネコに噛まれた、という人がいた。飼い主は、

That wasn't Dewey. I knew Dewey; he wasn't a biter.

（あれはデューイーのしわざではないわ。あのデューイーにかぎって、人をかまないネコなんだから）

読んでいてほほえましかった。

This touching, feel-good story makes me laugh and cry.

訳は抜く。音読すれば訳は要らない。

ついでに picky 以外に、**fussy, particular, fastidious** 等の類語も覚えておこう。

264 ★☆☆

You corrected me. (You were angry.)
ユウクレクトッドミー　（ユウ　ワー　エングリー）

叱られちゃった。

学校の教科書では「叱るイコール scold」になっている。そこで思考が固定されてしまう。英語を音読しすぎることも危険だ。英語も人の心と同じく、常に変化するからだ。**The teacher scolded his pupils.** という表現にみる scold は、大人同士の会話ではまず使わない。そんな文章を丸暗記して何になるのかというのが私の疑問だ。大人が大人を叱るのは scold ではない。多くのネイティブに聞いたが、日本人の使う「叱る」は **to correct**。そして、**He was angry.** を加えた方がいいとも、と。

265 ★☆☆
Don't kill the golden goose.
ドウントキルざゴウルデングース

角を矯めて牛を殺すな。

　プログレッシブ和英辞典によると、**ruin the whole by trying to correct a small fault** という慣用例を挙げている。なるほどと思う。

　しかし、もっといい英語がある。今し方、**FOX** インターネットニュースの画面に出た新聞の見出しだ。バラク・オバマがウオール街の悪を暴き大なたを振るうニュースだ。それを阻止させようというのがその主旨だ。

　それが、**Don't kill the golden goose.**（金の卵を産むガチョウを殺すな）である。

　1秒になっている。ことわざの **kill the goose that lays (laid) the golden egg.**（金の卵を産むガチョウを殺す、目先の利益のために将来の利益を犠牲にする＝ **Aesop's Fables** から）。

　覚えにくい人、あるいは、もっと日常会話向けのやさしい表現を好む人には、**Don't overkill.** を勧める。

　オーバーキルなら、カタカナ英語としても使える。

　すべてのカタカナ英語をなくせと言っている訳ではない。

I don't believe in overkill.

　over ＋動詞の表現法を覚えておくと、おおいに実践で役に立つ。

Don't overreact.

（あんまり、はしゃぎ過ぎるな）

You're underreacting.

（君は、悠長に構えすぎているんだ）

266 ★☆☆

They're a plastic couple.

ぜイア　ア　プレスティック　カポ(ロ)

二人は仮面夫婦だ。

　アメリカ人は、クリントン夫妻を **a political couple** と表現する。どちらも政治が好きなカップルだから、プライベート上のトラブルは決してもらそうとはしなかった――暴露記事ではあったが。

　だから私は **a political couple** を仮面夫婦と訳した。しかし、ちょっと疑問が残る。バラク・オバマ夫妻も、どちらも政治が好きだが、仮面夫婦とは言わない。本当はそうなのだが。クリントンのときのようなスキャンダルもない。お互いに仲が良い。

　通常仮面夫婦とは、内面はともあれ外見はおしどり夫婦のように演じることのできるカップルだ。

　格好を重んじるなら、ゼスチャーゲーム（英語では **playing charades**）が仮面夫婦に近い。一種の **game** であることに変わりない。だけど私は、**plastic couple** で通したい。ネイティブも私の造語能力に感心していた。

　plastic とは、カタカナ英語のプラスチック以外に、簡単に姿を変えることのできる（可塑的に）という性質が加わる。外面はスベスベしているが、ぐにゃぐにゃしたもの――**a plastic bottle**（ペットボトル）、**a plastic bag**（ビニール袋）のように。ビジネス・スマイルは、**a plastic smile**。

　外面は仲良くしているが、どうも温もりを感じないのが、英語でいう **plastic** なのだ。政治家やマスコミ好きの芸能人とのつきあいは、すべて **plastic relationships** になる。

　永田町は、**a plastic city**。

267 ★☆☆

Too big to fail.

トゥービッグ　トゥーフェイ(ロ)

あそこまで大きくなったら倒せない。

　企業が大きくなると、それだけ借金も大きくなる。大きな負債をかかえたまま、倒産されては、国としても困る。だから公費（われわれの税金）をつぎ込まなければならない。それで、**Too big to fail.**

　企業だけではない。人間も英雄になると、派手に金を使う。借金をかかえる。それでもつぶせない。ローマのジュリアス・シーザーもそんなタイプの英雄であった。

　He was too big to fail.

　塩野七生は、こういうスケールのでかい **risk taker** が大好きな女傑作家だ。

268 ★☆☆

She just looked familiar.

シー　ジャストルックト　フミリアー

他人のそら似だろう。

The resemblance was purely coincidental.
（全く他人の空似だった）とある辞書にある。
正しい。しかし、リズムに乏しい。
I thought I met her before. Wrong. I didn't. ならリズミカル。**She looks familiar.** なら現在形。それを過去形として、**just** をくっつけると、**She just looked familiar.** これでパーフェクト。

269 ★☆☆

We have a situation.
ウイハヴァ　スイチユエイション

困ったこと(トラブル)が起こりました。

　よく耳にするが、日本人には使いにくい表現である。それが situation だ。単なる状況ではない。何かトラブルが起こったときに、We have a situation. を使う。日本人好みの和製英訳を使うとハプニングだ。

　ハプニングとは、something unexpected のこと。英訳すると accident でよい。

　どうして、日本人はヘンなカタカナ英語を使いたがるのだろう。親愛なる出光豊氏(「新出光」相談役)は、日本人が英語ができないのはカタカナ英語に原因があると、勇気のある発言をされている。たしかにクラクションより horn、ナイーヴより、日本語で繊細(sensitive)だと覚えた方がいいと思うのだが。

　ハプニングを accident と正しい英語で覚えていた方が、コミュニケーション用の英語能力も飛躍的に伸びるはずだ。

　たとえば、フェイスブックのマーク・ザカボーを扱った映画『The Social Network』は、小説(The Accidental Billionaries)を映画化したものだ。この accidental がハプニングから生まれた億万長者というイメージでとらえることができるではないか。

　東日本大震災のあと、危機管理庁とか、危機管理部を設置してはという声が上がっている。Crisis Management Dept. か。

　アメリカにはすでにある。ホワイトハウスの West Wing にある Situation Room (危機管理室)がそれ。

270 ★☆☆

Love hurts.

ラヴ　ハーツ

愛は哀しいもの。

　やまと言葉では「愛とは愛(かな)しいこと」と愛が哀と同義に扱われることがある。

　トルストイなら、**Deep love means deep grief.**（深い愛は深い哀しみ）と短くまとめるかもしれない。

　最近みた、映画『シャーロック・ホームズ』の中で、ホームズが得意な演繹法で一人の婦人の悲哀を見事に的中させ、彼女を怒らせ、顔に水をぶっかけられた場面があった。

　あの時、いかにロジックが冴えていても、相手の心の傷に塩を塗ってはいけないと思った。

　英語でいえば、**Truth hurts.** 1秒でいえる。

　短いほど、智恵が煮詰まっている。

　Misery loves company. も私好みの1秒英語だ。

　外国人と、人間と楽器について語り合うことが多い。

　ある、アメリカの弁護士がこういった。

　Violin grieves.「ヴァイオリンは心痛する（**feel grief**）」

　哀しいのは、**love** だけではない。人生そのものも悲哀に満ちている。フランス語でいう **poignant**（痛切な）は **pain**（刺された）からきている。英語でもある。よく使われる「愛なんてこりごり」という場合、**Love sucks.**

　ネイティブの前でこの表現を使ってみよう。きっと相手は腹をかかえて笑うだろう。

　こんな何気ない、即興的なことばこそ詩的（**poetic**）であり、私は、いや人も感動するのだ。恐るべし1秒英語。

271 ★☆☆
As good as it gets.
アズグッド　アズ　イットゲッツ

これ以上、望めない。

　As Good As It Gets が、そのままの英語が映画のタイトルになったぐらいだから、斬れる表現なのだろう。

　私は『TIME』の見出しになったり、映画のタイトルになるような英語表現は、その言葉のシンボルを調べ、その言葉がイメージできて、使えるところまで追究をやめない。

　この As good as it gets. もその一つだ。「これだけ集まれば最高」（あとは減るだけ）という場合にも使う。

　かつて和歌山大学で講演を頼まれたときは、数百名集まり、講演会場がいっぱいになったことがあった。そのとき私は、As good as it gets. と心の中で叫んだ。

　あれから十年経ち、中国の無錫の江南大学で大学生向け英語の講演を頼まれたとき、300〜400名も集まった。再び、As good as it gets. と思った。

　もし大入り講演がピークになり、あとは聴衆を失い続けると、どうなる。数十名しか集まらないこともあろう。「厳しいが、それが現実さ」という場合、As real as it gets.（これ以上厳しい現実はない）。

　しかし、これからも逃げられない。菱研 TIME 大学が開講されたからだ。教科書は、毎週かわる『TIME』だけ。師弟とも気が抜けない。

　こういう、スリルが私にはたまらない。

272 ★☆☆

Start low, aim high.
スタートロウ　エイム　ハイ

何事も下積みだ。でも志は忘れるな。

　前述した、**Start at the bottom.** は、まさに「ボトムからのスタート」だ。しかし、「いずれオレだってトップの座に」という野心がどこかにある。そんな気持ちが **Aim high. Be ambitious.**（でっかい夢を持て）という内なる声が聞こえる。私の好きな言葉は、ほとんどが1秒英語だ。特に好きなのは、

　Low living, high thinking.（暮らしは低く、思いは高し）だ。

　中国語の影響を受けたのかもしれない。君子は「義」を求め、小人は「利」を求める。

　対比（コントラスト）を利かせた英語は、中国語に近くなる。國弘先生の格調高い英語は、漢語の影響だ。

　ところで、難訳語の一つの「志」だ。**aim high** だけでは、真意は伝わらない。**mission**（使命感）が近い。

　そして、それに対する **commitment**（心意気）をも匂わせなければならない。

　日本人が、字幕がなくても映画英語がわかり、『TIME』が読めるようになれば、いいのになあ……

　これは、**dream**、いや **vision**。そのための戦略（**strategy**）は、**mission statement** として時々触れている。本書もその現れである。

　戦略は背骨、戦術は **tactics** と複数になるように、多様だ。千手観音の手が、**tactics** だ。

　その戦略は哲学、そして哲学は **vision** から生まれる。

273 ★☆☆

(They are) Too close for comfort.

ゼイアートゥークロウスフォーコンフォー(ト)

二人はやばい関係にある。

GEにいたジャック・ウエルチが、HBR(ハーバード・ビジネス・レビュー)誌の女編集員と仲良くなったときに、

They're getting too close for comfort. と噂された。

この Too close for comfort(ちょっと接近し過ぎ)が『TIME』の見出しに出た。

「やばい関係」と意訳すれば、日本人の読者を読む気にさせたのに。私のクラスでこの1秒英語を理解した日本人はひとりもいなかった。They are dangerously involved with each other. と言えば通じるだろう。ついでに、音読しておこう。

They are emotionally involved.
(二人はできている)
They are romantically involved.
(アツアツの状況だ)
They are personally involved.
(仕事から離れたつきあいをしている)
They are too close for comfort.
(この二人、やばいぜ)

274 ★☆☆

Let's live well.
レッツ　リヴ　ウエ(ロ)

天寿を全うしよう。

　長寿なら **live up to a ripe old age** でよいが、「天寿を全うする」の訳となると、**live a well-spent life** というのもあったが、もっと短く **live well** でも通じる。

　He lived well. と聞いて、**He died well.** の方がいいんじゃないかと反論する人がいるかもしれない。

　東洋人、とりわけ一昔前の日本人は「死に方」の方が気になった。「あんな死に方はいやだ」なら、**I don't want to die like that.** もっと哲学的な味付けをして、**I don't want to die that kind of death.** と同族目的という英文法の妙技を用いて、相手をケムに巻くのも一案。

　しかし、本書は英会話のための本だから、使いやすく範囲の広い **well** を用いよう。話を戻し、「天寿を全うする」は、**live well** でも **die well** でも通じることがわかった。

　ところで映画『**Last Samurai**』の中で、勝元が

That was a good death.

「あれは美事な散り方だ」

と「美」事な（日本人離れの）英語を使った。渡辺謙の英語ではない。武士道がよくわかっているシナリオライターの英語だ。

Coffee Break

　「マイケル・ジャクソンは、天寿を全うしたかどうか」というディベートのテーマを学校の英語の先生を対象に神田外語の夏期セミナーで行ったが、ネイティブの間でも二つの意見に分かれた。若くてもあれで天寿を全うしたという説（私）に賛同する人は少なかったが、楽しかった。live well でも die well でも、ネイティブには通じた。

　この日、長野県松川村のスズムシが虫カゴから急に鳴き、いや歌いだした。受講者たち（女の先生が多かった）も感動した。スズムシは前翅のヤスリをこすり合わせその音をお腹の拡声器で震わせるので、弦楽家だ。

　菱研の TIME 大学で、スズムシのリンリンは、L か R かと質問した。戸惑った人が多かったが、R と答えた人が多かった。正解。Ring, ring, ring.

　言語は language で L 語、R は round（円）、ring（指輪）のように、ぐるぐる戻る。L と R を混同しないためには、何度も音読することだ。

　Little language goes a long way.

　（ちょっと言語を知っているだけで、人間関係が巧くなっていく）これを日本的発音に置き換えると、

　Riddle ranguage goes a wrong way.

　（謎めいたタワゴトは、道を誤らせる）となる。

　外国人は日本人の発音を笑わないが、心の中で嗤っている。

275 ★☆☆

Play your game.

プレイユアゲイ（マ）

自分のペースをくずすな。

　自分のペースとは、**rules of the game** に忠実にという意味ではない。相手だって、**rules** を自分に有利に使うだろうからだ。立場は同じではないか。ところが、ルールではなくゲームそのものを一方的に演じることができれば、もうマイペース。

　相手をこちらのペースに巻き込むには、ゲームそのものを演じ切るに限るのだから、**Play your game.**（**play yourself**）と有段者（クロオビ）英語になる。

　「相手のペースにのる」は **play his game.**

　次は、**Make the other guy（player）play your game.**

　このようにクロオビ英語といえども、いやクロオビだからこそ1秒でいえるのだ。ちょっと難しいので、5、6回音読してみよう。

　クロオビ英語をもう少し。

You're changing the rules of the game.

（戦略を変えようとしている）

No. I'm changing the game.

（いや、発想を大転換させているのだ）

　game は、日本語のゲームではない。戦い、戦争のことだ。そのための戦略や戦術が **rules** である。

　ところが、その戦争のあり方をコロリと変えることが、**change the game** だ。

　日本人が使うゲームは **amusement**（娯楽）のことであって、欧米人のいう **game**（**competitive games played according to rules**）ではない。要注意。

276 ★☆☆

Why should I compromise?
ホワイ　シュダイ　カムプろマイ（ズ）

うちはこだわる店でね。

　私は発音より発声にこだわる。英語のリズムそして強弱のアクセントだ。これを無視して、フラットな音調で朗読をしても効果はないと考える。中国語には四声があり、一つ一つの漢字に個性があるので、朗読向きであろう。

　しかし、英語は踊るのだ。そのステップを間違えずに覚えるのは、ネイティブの発音だけでなく、シャドウしたり、エコー（響きまでコダマさせること）することも必要だ。

　この原理・原則（principle）を妥協する（compromise）するわけにはいかない。店が、そして料理人が、儲かるからという理由で、料理の手抜きをすることは、compromise だ。

　イギリスでは妥協は、伝統的な看板であり、悪くはないが、アメリカ人は弱さの兆しと考える。だから、店のガンコおやじの非妥協性は看板になりうる。妥協はときとして暖簾（のれん）を傷つけることになるので、慎重であるべきだ。

　だから、**We never compromise（our principle）**となる。ところが、その意地をもっと強力につき通す方法がある。

　それが、**Why should I compromise?** だ。『TIME』によく出た。DHL の広告にもこんな斬れる表現があった。

Compromise is not an option.（断じて妥協はしない）

not an option は、語り言葉としても、よく使われる。
数回音読してみよう。

277 ★☆☆

All's fair in love and war.

オーズフェア　インラヴエン（ド）ウオー

ケンカ両成敗っていうからね。

　ハワイのパールハーバーを訪れたとき、アメリカ人のタクシー運転手はこういった。All's fair in love and war.

　たしかに、恋愛において、どちらが先に惚れたのか、と争うのは不毛だ。すべてが fair なのだ。「忠臣蔵」が日本の魂をゆさぶったのは、武士達の忠誠心という美学だ。

　一方的な裁きは、「ケンカ両成敗」のスピリットに反するという怒りと復讐劇に、大衆は「惻隠の情」（sense of empathy）を感じたのだ。

　敵討ちが完成されたとき、日本人は涙を流し、欧米人は Justice delayed. Good grief.（やれやれ）とつぶやくだろう。

278 ★☆☆

Don't play the hero.

ドウント　プレイ　ざ　ヒーろウ

英雄ぶるな（エエカッコするな）。

　関西人では「エエカッコするな」という。あまり美しいタテマエは、関西人の耳には、英雄になろう（エエカッコ）としているように映る。とくに大阪人は、アホを売り物にするところがあるから、英雄気取りの人間を好まないところがある。Don't play the martyr.（殉教者ぶるな）という英語表現もある。martyr はマーター。アメリカ人はマーラーと発音する。murder と混同せぬように。こちらは、ムードウーに近い発音となる。

279 ★☆☆
Don't make him look bad.
ドウントメイキムルックベッド

彼のメンツをつぶしてはいけません。

　メンツとは何かとすぐに辞書に走ってはならない。まず考えることだ。この東洋的な発想は英語にはならない。

　中国ではメンツ（面子）の国だといわれている。面子とは **face** のことだが、欧米人にはピンとこない。**Don't make me look bad in front of others.** が近い。**Don't humiliate me in public.** ということになる。

　恥（**shame**）の文化圏の人は、自分が他人の眼にどう映るかが気になる。どうしても面子（**face**）を英語で使うなら、**Don't cause him to lose face.** となり、ギコちなくなる。**lose one's face**（彼の面子をつぶす）という意味まで使いたくなるが、それはすでに東洋人が使う英語で西洋人には通じない。**one's face** の **one's** を省くべきだ。**He lost face.** になる。**He lost his face.** は斬首。面子の喪失は、**a blow to one's ego** ぐらいだろう。つぶされた面子は、**an injured (bruised) ego** というところか。

　前述したが、あるユダヤ人は私の面子を立てて、「私におごらせてください」という時に、**Don't insult your friend.** といって、勘定書をとろうとした、私の右手の上に、彼の左手をのせた。面子が英訳できないからと慌ててはならない。

　西洋人にはメンツという東洋的概念が通じないことがある。
If Quddafi doesn't go (step down), Barak will be humiliated.
「メンツを失う」を **humiliate** に置き換えた。

280 ★☆☆

Don't fight it.

ドウントファイレット

無理するんじゃないよ（自然体でよい）。

　そのまま訳すことができないときは、思考をジャンプさせることだ。**Think outside the box!** 箱（**box**）の中で考えると、思考が止まる。

　同時通訳修業時代（角川学芸出版の『同時通訳』の中で苦労話をこれでもかこれでもかと書いた。）で得たレッスンは、英語の単語を追わず、シンボルを追い、それがイメージできるようになってから、使えと述べた。

　本書はその手引き書である。**fight** を「闘う」というシンボルでとらえている間はまだ、**thinking inside the box** だ。**Fight the box!** それまで筆記試験では負けなかったというエゴを捨てることだ。**Fight your ego.** ディベート映画『青春！ ケンモント大学』の中で、米国西部にある田舎の大学が、東部のエリート校のハーバード大と闘う場面がある。コーチが選手にこんな忠告をする。ハーバード大は **ego**（プライド）がバカでかい。やつらのメンツをつぶすな。メンツを立ててやれ（スキを狙え）という。

　Their egos are as big as their brains. Don't fight 'em. Feed them.

　これも「無理するんじゃない」に近い。**Fight** がこんなふうに使われている。

　Don't fight it. なかなか使えないから、音読を **10** 回くりかえしてみよう。できれば、将来使えるような状況をイメージして、感情豊かに声を出してみよう。

Coffee Break

　エピローグでどうしても「斬れる英語」とダイアモンドの比較をしてみたかった。

　最終原稿を出す前日に数本のDVDを観た。『Blood Diamond』をバック グラウンド ミュージックとして、コーヒー・ブレイクを書いている。

　人にがんばれという前に、自分にハッパをかけたかった。こういう心境はgiveとgetにかぎる。

　Get a life.（ハッスルしろ）。発音はゲラライ（フ）。

　Get life. とaを省くと、終身刑を受けよとなる。

　オレを終身刑にせよは、Gimme life. ギミーライフ。

　アメリカ人との間に子供をもうけた日本人の母（かつて私の教え子）から教えてもらった。

「赤ちゃんが最初に学ぶ英語は、ギミーでした」

　Gimme milk. ギヴミーミルク、ではなくギミミオ（ク）だった。ミルクの発音は、メオ（ク）で、クは聞きとれない。

　考えてみれば、私が5歳のとき終戦を迎え、敵の言語が入ってきた。日本人は、当時は私も進駐軍であったアメリカ兵からチョコレートが欲しかった。

　ギヴミーチョコレートだった。ギミーチャクリットと正しい発音をしたら、チョコレートがもらえた。

　進駐軍のヒモになった日本の女性は、ワスマラユー（What's matter with you?）といったパングリッシュで

結構コミュニケーションをしていた。

　デカプリオが演じるこの映画『Blood Diamond』の流れは知っているので、耳だけで情景が浮かぶ。男と女の間に恋が生まれた。そのときイナライフという英語が耳に入った。イナライフ？　そんな英語は耳にしたことがない。もう一度、そこだけプレイバックした。英語が In another life maybe.（あの世で会えるかもね）であった。

　ちょっと油断すると、私も英語を聞き落とす。リスニングの道は遠い。

エピローグ

　40代前半の頃の私は、まさに金ピカ時代（the Gilded Age）であった。何を書いてもよく売れた。ネームヴァリュー（name recognition）が効いた。

　とにかく、日本から一歩も出ずに、米国大使館の同時通訳者に選ばれ、そしてNHKで教育テレビのインタビューアーになれたのだから。

　1980年の前半は、NHKから降板した後も、まだしばらく後光が差していた。元NHKという肩書きが光っていた。

　その頃の私は、オレが独自で切り拓いた道という気負いがあった。しかし、それは驕り（hubris）であった。それまで、「追う者の身」であった私が、NHKという公の機関で名が売れたとは知らず、自力本願のお陰だと思い上がっていた。

　メディアに出るとは、「追われる身」になることだ。

　the eye of the tiger（虎の眼）を失っていくことに気がつかなかった。

　NHKから離れて、しばらくしてから、そのことに気付いたのだ。

　日本では、多分他の文明国でもそうであろうが、テレビ画面の露出度が、知名度、社会的地位、そして収入規模に影響を与える。あれから30年経ち、今は70歳。一番脂が乗っ

ている頃なのに、まだカムバックできない。NHKから離れたら、人は「公」から「私」へ転覆する。もう過去の人間（washed up）だと見られた。生活苦が続き、必死にもがいたが、50歳半ばから60歳の半ばまでのthe lost decadeは、悲惨であった。まさに修羅場。

しかし、「塞翁が馬」のたとえ通り、この期間に、「虎の眼」を取り戻し、自らを狼野郎（big bad wolf）として、我が身を鍛えなおすことができた。第二の人生に挑むのだ、という気構えで、必死に職探しに走った。

しかも、英語とディベート力が活かされる職種となると、職域は狭まる。なかでも、私のdark ageの頃の最大の挑戦は、テレビ朝日の深夜番組（CNN Night Watch）のニュースキャスターもどきの役をまかせられた頃だ。

カメラに向かって、日本語で話しかけるスタイルには、なかなかなじめず、ニュースキャスターという肩書も使えないまま、職場を去った。もう歳か。

ニュースキャスターという仕事はラクじゃない。女ディレクターをはじめ、若いキャスター達からもしごかれ、まったくカタなしだった。まだ見習い期間というのにお払い箱。しかし、これで引き下がる私ではない。名古屋外大教授時代に、ニュースキャスターゲームを開発し（おもに東京の紘道館で）、いずれカムバックして、日本のラリー・キングになってみせると心の中で誓ったものだ。

その思いが、叶ったのが70歳。NONES CHANNEL（イ

ンターネットTV）で菱研後援の「『TIME』を読む」企画が浮上し、私が正式なニュースキャスターという肩書を手に入れることができた。

　ノーカットで松本節が思い切って発揮できるというバイリンガル企画だから、かなってもないa killer jobだ。

　私は野生の狼。野性の英語を使う狼野郎を英訳すれば、rough diamond.

　NHK時代の私の英語は、Oh, my GodとJesusの違いがわからず、あとで赤面した。声は若々しいが「深さ」に乏しく斬れなかった。

　NHKから離れ、英語を磨いた——ダイアモンドの原石を研磨するように。

　NONES CHANNELで使った、『TIME』（Nov. 22, 2010）にこんな英語があった。

　A jeweler will tell you a diamond's price is based on the four C's : carat, clarity, color and cut.（p37）

　ダイアモンドの価値を決定する4要素は、カラット、クラリティー、カラー、そしてカット。

　これを私なりに英語の切れ味（市場価値）と近似させた。

　caratとは、一貫性のあるcharacter（品格）である。英語に表れた人間性のことだ。哲学といってもいい。

　しかし、その英語clear（透明性）に支えられていなければならない。logicが通っているか、しかし、骨格だけでは、人を魅了することはできない——説得はできない。

英語に艶がなければならない。その艶が color だ。

そして、最後に cut だ。多面体の一面であるが、同じ英語でも TPO により、変わる――変えるべきだ。

空気や場（TPO）をわきまえないと、斬れる英語も斬れない。書き言葉と話し言葉が違うように、公の場と、私の場では英語の形も光沢も変わってくる。英語は武器だとはこれまで語ってきたことだ。

しかし、英語が『TIME』で再会したダイアモンドと触れ合うことにより、私の「英語＝日本刀」観も変わってきた。

固定は死。私も生きている間は、私の英語と共にコロコロ変わる。

同時通訳で英語を修業していた頃の私の英語は、blood diamond ならぬ、blood English であった。

荒削りの英語であり、それが当時の NHK 英語（インタビュー）番組の英語であった。今、毎週変わる『TIME』の英語そして、世界情報を瞬時に分析し、英語と日本語で（bilingually）に料理して、即興的に上級英語を目指す視聴者向けに提供するレギュラー番組を手に入れた。

NHK 時代（英語道参段）より、数段上の六、七段の英語力と情報力が問われるから、まさに毎日が緊張の連続という情景だ。

本書も実用英語で格闘されている読者のために書かれた conflict English の実践書である。

決して、英語の筆記試験のスコアを伸ばせば、世界中で通

用すると盲信している sheeple のために書かれた本ではない。

　ダイアモンドの世界では、裏の blood diamond（conflict stones）から離れ、表の certified diamond の時代を迎えた。

　しかし、筆記試験で certify（認定）された羊人間の英語（sheeple's English）が斬れる（cut）ことを保証しているわけではない。

　英語武蔵を自認する私は、certifier（認定者）ではない。あくまで浪人、そして裏の人間（big bad wolf）である。

　しかし、英語は滅法斬れる。

My English cuts well.

　しかし、歳には勝てない。いつまでも斬れ続くとは限らない。

　あとは、私の精神を引き継いでくれるリーダー、つまり反骨精神のある goats（山羊）や、独り立ちのできる wolves や組織内でのサムライ sheep dogs（番犬）たちの出現を待つばかりだ。番犬の先祖は狼だから、お互いに遠ぼえすれば、コミュニケートできる。

　最後に、羊からはみ出した野心的な山羊（goats）の時代から、狼の時代に shape-shift するまで、辛抱強く、私につきあっていただいた、たちばな出版の半田晴久社長を始め、「いや、松本君はカドを失わず、そのままの人間でいい」と励ましていただいた、大先輩格の國弘正雄先生、そして編集部の皆様に感謝の意を表したい。

合掌
松本道弘

CD 会話文

Michihiro Matsumoto & Rachel Walzer

1. I'm done with you.

M: Can't you even type something properly, Patricia?

R: What is it this time, Mr. Peters?

M: Look, you've misspelled our most important client's name! It's Jansen, not Johnson.

R: But I've never heard of such a name before, Mr. Peters.

M: What does that have to do with anything?

R: My first boyfriend's name was Johnson….maybe that's what it is.

M: Oh, **I'm done with you!** Patricia, you're fired!

2. Freeze!!

R: It was a wonderful evening Jack.

M: I had a great time, too.

R: Why don't you come in for a nightcap?

M: Don't mind if I do…..(she unlocks the door, enters and turns on the lights, and they find a burglar standing in the hallway pointing a gun at them)

X: OK, both of you, hold it right there….. Hey, I said **freeze**, buddy!

M: Okay, okay, don't shoot!

3. One at a time

R: Did you realize these old Roman emperors built their villas up on the cliffs for more than the view?

M: Oh? And what was that?

R: Well, they obviously had a lot of enemies.

M: What do you mean?

R: Well, with one narrow stairway leading up to the house, ….

M: Oh, I get it. They did not need a big army for protection.

R: Exactly. They could have one or two strong fellows standing guard….

…and fight them off **one at a time!** Smart!

4. There you go.

R : And what will you be having, sir?

M: The lamb chops look pretty good. I'll take them and a small salad to go with that.

R : Sure thing. Anything to drink with that?

M: A glass of your house red should do it.

R : Okey dokey. I'll be right back with that….(comes back later)…your lamb chops, sir, a small salad, and your red wine…**there you go**. Enjoy!

M: Thanks.

R : If you need something else, just let me know.

5. There you go again.

R : Do you really need to talk so much about your school whenever we have guests over?

M: Oh, I suppose not. I thought they would be interested.

R : Well, not everyone is interested in knowing about all the pranks you played in college.

M: OK, I'll try to talk about something else next time. By the way, Linda, remember Pete, Pete Sandhurst, my old roommate. One day we were thinking of a way to get the Professor Tindal to let us off for missing class, and…

R : See, Jeff! **there you go again!**

6. It's part of the job.

M: Here, young lady, let me help you with those bags.

R : Oh, my, sir, I'm afraid you must have the wrong woman….I'm old enough to be your grandmother.

M: Oh, then it must be your makeup. I could have sworn you were no older than thirty.

R : My, my, perhaps you need to have your eyes checked, but I do appreciate the help with my bags. Not many kindly people around these days, you know.

M: **It's just part of the job**, ma'am…..there you go. Have yourself a nice day!

7. Just me.

R: Paul, what are you doing next weekend?

M: Nothing special. Why?

R: Well, I'm trying to get enough people to sign up for a tour down to Mexico.

M: What, another Tequila sunrise or something?

R: No, this is just a camping trip near some ancient Mayan ruins.

M: Oh, that sounds interesting. How many people do you need?

R: So far Bill, Mike, Susan and Tricia are on, but I need three more.

M: OK, well, sign me up.

R: Do you think Linda would like to come as well?

M: She hates camping. I think this time **it's just me**.

8. First things, first.

R: Uh, oh, is that smoke coming out of the engine?

M: It sure looks like it. What do you think it is?

R: Probably the engine heating up.

M: We're in the middle of the desert, honey. Do you think you can fix it?

R: **First things first,** sweetie. Let's pull over and open up the hood…maybe the radiator needs some water….

9. Oh, my God.

M: Honey, do you feel that?

R: What is it, Henry? I'm trying to sleep.

M: But the building is shaking?

R: What? Whoa, you're right!

M: It must be an earthquake. Hey, what was that? Something just crashed downstairs.

R: **Oh, my God!** Henry, do something!

10. Start over.

M: I think I've had enough of this.

R: What do you mean? It was your favorite soup.

M: It's not the soup. It's my life, my job, all of this.

R: Well, you have been under a lot of stress recently. Is it your boss?

M: It's not only him. I'm just not happy.

R: Have you thought about changing jobs?

M: Yeah, but I think it will take more than a job change.

R: What do you have in mind?

M: I want to push a 'reset' button, you know, **start over**.

R: OK, then let's just up and leave. I could do with a change myself.

11. It's time (I left here).

M: Can't you do anything right?

R: Why, what's wrong?

M: I told you to use a pen when filling out these forms.

R: But using a pencil makes fixing things easier!

M: Well, rules are rules and the rule is that we use a pen.

R: But I don't think it's a good rule.

M: Well, Cindy, if you don't like it….

R: No, I don't, Mr. Phillips.

M: Now Cindy, some things just can't be changed.

R: Oh, yeah, well, then I think **it's time I left here**.

M: What do you mean? I need you.

R: Tough luck, Mr. Phillips. I'm outta here.

12. How dare you!

M: Sorry ma'am, but I think you are sitting in my seat.

R: Are you sure? I did check when I boarded, you know.

M: Well, that's what a lot of people say, and they still get it wrong.

R: I don't know how you can make such generalizations, but OK, here is my ticket. You see, 21E.

M: Yeah, I see that. The problem is that you are sitting in 22E. So I was right, and you were wrong.

R: Well, I don't see that it makes any difference. Why don't you just sit there?

M: Sorry old lady, I always sit in 21.

R: **How dare you!** I am not an old lady, and if you want me to move you are going to have to be more polite than that.

13. Time flies.

R: Hey, look at the time! It's already past seven.

M: What, so soon?

R: Yeah, but we got a lot done today as well.

M: It helps that this is really interesting work.

R: Well, it's like they say.

M: What's that?

R: **Time flies** when you're having a good time.

M: Well, for once I can agree with you on that one.

14. It's been a while.

M: Cindy? Cindy Fromm? Is that really you?

R: Michael Golding. I can't believe it. How are you?

M: Great. Wow! **It's been a while**.

R: You're telling me. I don't think I've seen you since prom night.

M: Boy, was it that long ago? Jeez. Yes, I remember, you tried to kiss me that night.

R: Don't remind me. I had one drink too many. Don't tell me that's why you left town.

M: No, not at all. My father got transferred and we moved to California.

15. I'm happy for you.

M: Mrs. Walters? Could I speak to Kim if she's in?

R: Oh, sure, Billy. Hold on while I call her to the phone…..

R: Billy? Hi, what's up?

M: Uh, Kim, you know I asked you to the prom, right?

R : Yeah, and I have almost finished making my dress. I'm sure you'll like it.

M: Well, you see, when I asked you, I had forgotten that I had promised the same thing to Cathy when we were in junior high, and she suddenly reminded me of it the other day.

R : What?! Are you telling me you are not going to take me to the prom?

M: There's one other thing, Kim….

R : Like what?!

M: Well, it seems that I promised to marry Cathy as well.

R : Oh, yeah?! Well what can I say? **I'm happy for you,** Billy. Good bye!

16. What's up?

R : Hey Jack, how's it going? Haven't seen you around lately.

M: Oh, Rachel, **what's up?** Still hanging out with big Bill?

R : No, we broke up months ago.

M: Oh, what happened?

R : You know, I think I came to my senses and realized good looks are not everything.

M: You mean you realized some of us geeks are worth checking out?

R : Well, sort of…..so could you introduce me to your friend over there, the one with the glasses….

M: Oh, Arthur, uh, yeah, sure…..

17. I'd rather not.

M: Look at those stars. Ever seen a night sky like this?

R : It really is spectacular.

M: You know, Crystal, there's something I've been wanting to tell you.

R : Yes, Tom, what is it?

M: Well, neither of us is getting any younger, and perhaps it's time to settle down and think about the future….

R : What are you getting at, Tom?

M: Uh, it's awfully hard to put this into words….hey, are you up for a dance?

R : **I'd rather not**, Tom. It is so nice out here on the balcony…..but please go on with what you were saying…..

M: Oh, Crystal, I just….I think I'm in love with you….

R: You think???

18. Ask her out.

M: Carol, do you have a minute?

R: Yeah, sure. What's up?

M: Well, you know that new girl, Christina?

R: Oh, the Cuban girl. Yes, we share a class this term. What about her?

M: Well, I kind of feel attracted to her and want to get to know her.

R: What's that got to do with me?

M: Well, you know what I mean. you're the only girl I can talk to and I was thinking maybe you could set things up for me.

R: What?! Are you kidding me? Listen Carlos, this is not kindergarten anymore. If you like her, just go up and **ask her out**.

M: Is it that simple?

19. Let's face it.

R: Listen, Fred, this is the last time I want to have this conversation.

M: Oh, come on Mary. Things aren't that bad.

R: I think they are.

M: But I still love you, and what about the kids?

R: The kids will get over it. Really, I've had enough.

M: Mary, please! I'll do anything.

R: **Let's face it**, Fred. I just don't love you anymore.

M: But that's not important. I still love you. What more do you want?

R: That is my problem. You just said it. I'm leaving.

20. Wish I knew.

M: Laura, can I borrow that book you told me about the other day?

R: Oh, hi Bill. You mean the one about the end of the world?

M: Yeah, with all the things happening around the world, I thought….

R: …You should get ready, huh?

M: Yeah, sort of ….well, do you still have it?

R: Uh, actually I lent it to Michael this morning.

M: Any idea when he'll return it?

R: **Wish I knew.** I want to read it too!

M: Why? You already read it, didn't you?

R: Well, to tell you the truth, I didn't….just the reviews.

M: Oh, I see, then I suppose I should buy one of my own.

21. Where'd you go to school?

M: And you are Maria, right?

R: Yes, sir. My family was originally from Mexico.

M: I see, but you grew up here in New York, correct?

R: That's right. We did live in Boston for two years before coming here, however.

M: Okay, and **where'd you go to school?**

R: Plainview High on Long Island. And after that New York University.

M: Where you graduated with honors in management.

R: I had some very good teachers, you see…

M: You don't have to play yourself down Maria. You should be proud of what you've done.

22. How'd it go?

M: Suzie, you're back so early.

R: Hi, Dad. Yeah, I thought it would take all day too.

M: Well, come on in and tell us everything. **How'd it go?**

R: Well, right up until the final corner of the test course, everything was going wonderfully, and then….

M: …then, what?

R: I crashed into the utility pole!

M: Oh, Suzie, were you all right?

R: Yeah, I had my seat belt on, but I totaled the car….and I failed the test.

23. Try, try again.

R: Dad, can you help me figure this out?

M: What have you got there?

R: It's yesterday's crossword puzzle.

M: You should try to figure it out yourself.

R: Oh, come on Dad, just this once!

M: No, Betty, I'm not going to start spoiling you now.

R: But I just need this one word to finish the whole thing.

M: Remember the old saying, "If at first you don't succeed, **try, try again**."

R: OK, OK, I got the message.

24. Begging you.

M: Mary, any plans tonight?

R: Not yet, Matt. Why, what's happening?

M: Well, you know we always get together for a poker game on Mondays, right?

R: Yes, and what has that got to do with me?

M: Well, we always take turns cooking, and tonight it's my turn.

R: And..?

M: Mary, I can't cook.

R: Well, it's a good time to start. What did you want from me?

M: I was thinking maybe you could come along and cook instead of me.

R: Matt, are you serious?

M: **Begging you**, Mary!

25. I knew it.

M: You are such a beautiful woman, you know.

R: Oh, Greg, you're spoiling me.

M: But you are worth spoiling Pam. If only I were rich, I would buy you the biggest diamond in the world.

R: What's money when you have love, Greg?

M: That's so true…..uh, let me just answer this call…..Hello? Oh, honey…. no, I'm at work…I'll be home early, don't worry, bye….

R: Greg, who was that?

M: Uh, my wife…

R: Your wife?! **I knew it!** You cheating, good-for-nothing….Ugh! I'm done with you!

26. You're the one.

R: Good morning Mr. Sellers, I'm Judie from accounting. You asked to see me.

M: Yes, Judie, come on in.

R: Is there some problem, Mr. Sellers?

M: No, Judie, on the contrary. I wanted to see if you were interested in climbing the corporate ladder.

R: What exactly do you mean, Mr. Sellers?

M: Well, we've been watching you closely and have come to the decision that we want you on our management team.

R: Well, that is quite an honor, but do you really think I am up to the job?

M: Judie, I am sure **you're the one**.

27. You don't know me.

M: My boss gave me notice today. He told me I have three weeks.

R: What? Why would he do that?

M: A question of seniority he said. I was the newest in the firm.

R: But that isn't really fair, is it?

M: Maybe not, but things are bad everywhere right now, you know.

R : Yeah, I know, but what are you going to do?

M : Oh, I'll get by. **You don't know me**.

R : If you say so….good luck.

28. You never know.

R : Hey, Bob, what are your plans for next summer?

M : Haven't given it much thought, why?

R : Well, I was thinking of getting a group together and going to Tibet.

M : Tibet, huh. That's pretty far away, isn't it?

R : Yeah, actually, half way around the world.

M : Hmm…you know I've never been overseas.

R : Well, what about it?

M : I don't know. It seems impossible right now, but **you never know**.

R : Then think about it and let me know next week.

M : OK, I'll do that.

29. That's the bottom line.

M : Sarah, we're going to have to do something about the falling sales.

R : We've tried a lot of things, but nothing has worked so far.

M : Well, we're going to have to do better than that.

R : What do you suggest, sir?

M : Sales is your department Sarah.

R : Uh, yes, I know, but, sir….

M : Sarah, get the numbers back up or it'll be your job on the line.

R : Sir, you can't be serious.

M : I'm sorry Sarah, but **that's the bottom line**.

30. Don't get personal!

M: How do I look?

R: It's your big day, isn't it?

M: My final interview.

R: Can I make a suggestion? That pink tie is really not the right one.

M: Oh, you don't like the tie? I thought it stood out.

R: Oh, it certainly stands out…..perhaps something a little more conservative would be better.

M: OK, then how about this one?

R: I would go with the blue and yellow stripes.

M: OK, I'll use that. Thanks. Anything else?

R: Yes. Whatever you do, **don't get personal**.

M: You mean I shouldn't talk about you, right?

R: Definitely not about me. Just talk shop, OK?

M: Gotta.

31. Mind if I smoke?

M: Is this seat taken?

R: No, in fact, it is not.

M: Then if you don't mind…..

R: Not at all. Travelling far?

M: Going to see some family in Paris. Just a few days, and yourself?

R: I'm taking a trip around the world before heading home to Michigan in the States.

M: Oh, you're American? Never been myself. Nice place is it?

R: Yeah, there's a bit of everything….it's a big country, you know.

M: Yes, that's what they say. **Mind if I smoke?**

R: Uh, actually, yes, I do. I have asthma.

M: Oh, sorry, then I'll refrain.

R: I appreciate it.

32. What a waste!

R: Did you hear what happened to Rick Santero?

M: No, what?

R: He was kicked off the team.

M: How come? He was the best quarterback they ever had.

R: I know, but he just couldn't keep up with his studies.

M: **What a waste!** Now what?

R: I suppose we'll go back to having the worst football team in the league.

M: Oh, great.

33. For old time's sake.

R: Hey Henry. I was just looking for you.

M: Me? You were?

R: Yeah, I've been ignoring you for way too long.

M: Uh, yeah, well, I'm kind of used to being ignored.

R: Oh, Henry. Don't take it personally. I had a lot of things going on.

M: Like Pete, Bob, and Spike and all the other guys, right?

R: Oh, come on, Henry. Anyway, now I'm here with you!

M: So what can I do for you, Rosa?

R: Well, I was wondering if you could lend me a hundred bucks till next week.

M: Oh, so you want to borrow some money from me.

R: Henry….**for old time's sake**…please!

《著者紹介》
松本道弘（まつもと みちひろ）

1940年大阪生まれ。関西学院大学を卒業後、日商岩井（現・双日株式会社）勤務。その後独力で英語を鍛える。海外に一度も行かずに、米国大使館文化局にて同時通訳者、NHKテレビ上級英語講師になり、『FENを聴く』『TIMEを読む』『giveとget』『速読の英語』などベストセラーも多数。近著『オバマの本棚』（世界文化社）、『サムライ英語学習法』（たちばな出版）。

最近では、NHK総合テレビ『英語でしゃべらナイト』にゲスト出演。現在、NONES CHANNELのレギュラー番組『TIMEを読む』で、バイリンガル・ニュースキャスターとして出演。『NATIONAL GEOGRAPHIC』のドキュメンタリー番組で、宮本武蔵を英語で語り、『The History Channel』では、「武士道」を英語で語る歴史家として出演。多彩な活動を精力的に続けている。

現在、ICEE(Inter-Cultural English Exchange)の母胎である、紘道館館長。菱研TIME大学学長。元祖ナニワ英語道 http://plaza.rakuten.co.jp/eigodou/
紘道館公式ブログ http://www.english-kodokan.com/index01.html
松本道弘オフィシャルブログ「ドラゴン松の遠吠え」http://ameblo.jp/doragon-matsu/
を公開中。

CD吹き込み
Rachel Walzer

ネイティブが使う 1秒英会話『音読篇』

平成23年 8月30日　初版第1刷

著　者　松本道弘
発行者　笹　節子
発行所　株式会社　たちばな出版
　　　　〒167-0053　東京都杉並区西荻南2-20-9　たちばな出版ビル
　　　　TEL　03-5941-2341（代）　FAX　03-5941-2348
　　　　ホームページ　http://www.tachibana-inc.co.jp/
CD録音・編集　株式会社 ブレーンズ ギア
印　刷　萩原印刷株式会社

ISBN978-4-8133-2392-1
©M.Matsumoto 2011　Printed in JAPAN
定価はカバーに記載しています。落丁本・乱丁本はお取り替えいたします。